［新装版］

子どもが育つ魔法の言葉

Children Learn What They Live

世界中の親が共感した子育ての知恵

100

ドロシー・ロー・ノルト

レイチャル・ハリス

石井千春＝訳

PHP研究所

はじめに

ドロシー・ロー・ノルト博士の『子どもが育つ魔法の言葉』は、一九九九年に邦訳を発刊以来、大きな反響を巻き起こし、二〇〇六年九月現在、単行本と文庫を合わせて三百五十万部を超えるベストセラーとなっています。

とくに二〇〇五年二月、皇太子殿下が誕生日の記者会見にて、ドロシー博士の詩「子は親の鏡」に感銘を受けたとおっしゃられ、全文を朗読されたことで、日本国中にドロシーブームが起きたことは記憶に新しいと思います。

同年五月には元気なお姿で三度目の来日を果たされ、東京都杉並区の小学校をご訪問された際には新しい詩（「いちばん大切なこと」）をご披露いただきました。

しかし、その後、急に体調を崩され、同年十一月六日、八十一歳の生涯を閉じられました。

本書は、世界中で愛読されてきた『子どもが育つ魔法の言葉』のなかから、とくに重要なエッセンスを選び出したものです。ドロシー博士のご冥福をお祈り申し上げるとともに、普遍的真理に満ちあふれた子育ての知恵を読者の皆様にお届けいたします。

PHP研究所

子は親の鏡

けなされて育つと、子どもは、人をけなすようになる
とげとげした家庭で育つと、子どもは、乱暴になる
不安な気持ちで育てると、子どもも不安になる
「かわいそうな子だ」と言って育てると、子どもは、みじめな気持ちになる
子どもを馬鹿にすると、引っ込みじあんな子になる
親が他人を羨《うらや》んでばかりいると、子どもも人を羨むようになる
叱りつけてばかりいると、子どもは「自分は悪い子なんだ」と思ってしまう
励ましてあげれば、子どもは、自信を持つようになる
広い心で接すれば、キレる子にはならない

誉めてあげれば、子どもは、明るい子に育つ
愛してあげれば、子どもは、人を愛することを学ぶ
認めてあげれば、子どもは、自分が好きになる
見つめてあげれば、子どもは、頑張り屋になる
分かちあうことを教えれば、子どもは、思いやりを学ぶ
親が正直であれば、子どもは、正直であることの大切さを知る
子どもに公平であれば、子どもは、正義感のある子に育つ
やさしく、思いやりをもって育てれば、子どもは、やさしい子に育つ
守ってあげれば、子どもは、強い子に育つ
和気あいあいとした家庭で育てば、
子どもは、この世の中はいいところだと思えるようになる

[新装版]子どもが育つ魔法の言葉★目次

とげとげした家庭で育つと、子どもは、乱暴になる……………35

子どもを馬鹿にすると、引っ込みじあんな子になる……77

励ましてあげれば、子どもは、自信を持つようになる…………117

親が正直であれば、子どもは、正直であることの大切さを知る

装幀――渋川育由

けなされて育つと、
子どもは、人をけなすようになる

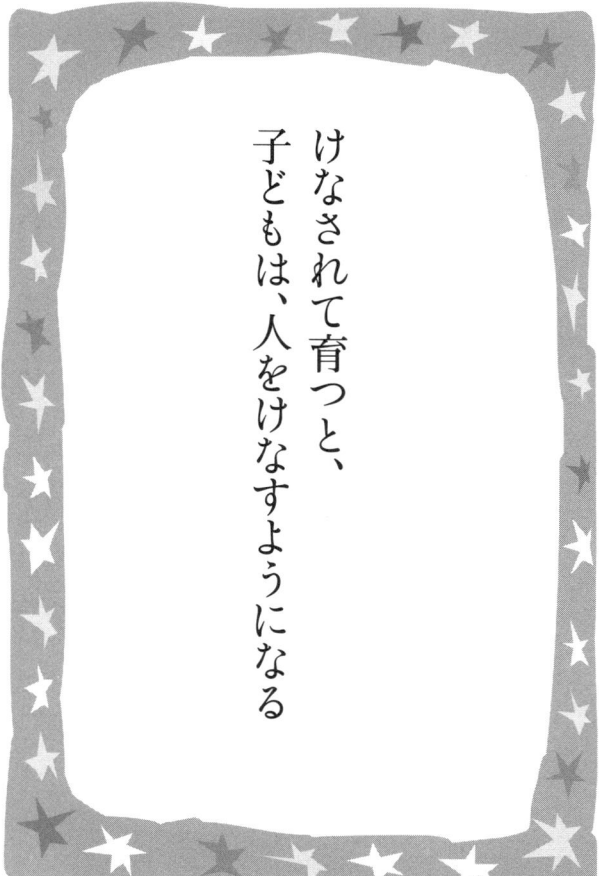

1　親の不平は子どもに伝わる

子どもは、親の言葉や行動をまるでスポンジのように吸収し、学びとります。親が真似てほしくないと思っていることも、覚えてしまいます。

ですから、もし親が、わが子のことだけでなく、他人や世の中にも不満だらけで、いつも文句ばかり言っていたとしたらどうでしょうか。子どもは、そんな親から、人をけなし、世間を非難することを覚えてしまうでしょう。

不満だらけの親の気持ちは、ものの言い方や、ちょっとした仕草や目つきに表れます。小さな子どもは、こういう親の態度にとても敏感で、傷つきやすいものです。たとえば、「もう寝る時間ですよ」という一言にしても、言い方次第で、「なにをぐずぐずしているんだ」という非難の言葉になります。子どもは、自分が責められていることを感じとり、自分は愚図なのだと思ってしまいます。

もちろん、わたしたちは誰でも、ときには不機嫌になることがあります。つい小言や文句を言いたいときもあるものです。けれども、いつも不平不満を口にし、人の欠点をあげつらっているとしたらどうでしょうか。家の中は暗く、とげとげしくなってしまいます。家庭を、そんな場所にはしたくないものです。家庭とは、子どもがのびのびできる安らぎの場であるはずです。

2　ついカッとなってしまったら

六歳のアビーは、台所のテーブルの上で、摘んできた花をいけようとしていました。と、急に花瓶がひっくり返ってしまいました。あたりは水浸《みずびた》しです。アビーは、ただ泣いています。飛んできたお母さんは、カッとなって、怒鳴りました。

「なにやってるの！　ほんとに、愚図なんだから！」

わたしたちは、ついカッとなって、こんなふうに子どもを怒鳴りつけてしまうことがありますね。もちろん次の瞬間には後悔するのですが。疲れているときや、ほかのことで頭がいっぱいのときはなおさらです。

しかし、こんなふうに子どもを怒鳴りつけてしまったら、すぐに態度をあらためるべきなのです。これ以上、子どもを責めたてないようにしてください。

アビーの場合も、お母さんが冷静になり、怒鳴ったことを謝れば、後片づけはずっとスムーズにゆくでしょう。アビーは、花瓶を倒したことは悪かったと反省しても、自分が悪い子だとは思わずにすみます。そのまま責めつづけたら、劣等感を植えつけるだけです。

アビーのお母さんは、「どうして花瓶を倒しちゃったの？」と、問いかけ、そのときの様子をアビーに話させればよいのです。どうしたらうまくいったのか、それを一緒に考えさせればよいのです。そうすれば、アビーは、失敗の経験から学ぶことができるでしょう。

3　忙しいときこそ、ゆとりをもって

ある日、お母さんは、四歳になるケイトを急《せ》き立てて、家を出ました。その日は買い物やら何やら用事がたくさんあり、そのうえケイトの髪のカットにも行かなくてはなりませんでした。

「急いで。カットに遅れちゃうわよ」

「……行きたくない」

ケイトは急に、駄々をこね出しました。お母さんはあきれて、思わず「なんて、わからずやなの！」。

ケイトは、そのまま黙り込んでしまいました。お母さんに、「おまえは、わからずやだから、悪い子だ」と言われたと思ったのです。

しばらくして、ケイトは気分が落ち着きました。そして、「前髪は切らないで。このまま伸ばしたい……」と、小さな声で言いました。

お母さんは、なんだ、そんなことだったのかと気が抜けてしまいました。

もしお母さんが、朝の食卓で、どんなふうに髪を切るか、ケイトときちんと話をしていたら、二人とも、こんないやな思いはしなくてすんだはずです。

忙しいときにこそ、ちょっとゆとりをもって、子どもに気を配りたいものです。

4　子どもは叱られると、がっくりしてしまう

親が子どもを叱るのは、たいてい、子どものためを思ってのことですが、それが子どもにはわかりません。子どもは、叱られると、頑張ろうと思うよりも、がっくりしてしまいます。とくに、幼い子どもは、叱られると、自分が嫌われているのだと思ってしまいます。自分のやったことを正されているだけなのだとは思えないのです。

では、上手な叱り方とは、どのようなものでしょうか。

まず、言葉を選ぶことです。子どもの心を傷つけるようなことを言ってはいけません。その子のやったこと、つまり、その子の行動を正すよ

うな言葉だけを使ってください。その子のやったことは間違っているが、その子を嫌いだから叱っているのではない、ということを伝えてほしいと思います。

また、子どもをいつまでもしつこく叱るのは、逆効果です。人間は誰しも間違いを犯すものです。叱るのは、その場限りにしましょう。それに、避けられない事故もあります。そういうときも、頭ごなしに子どもを叱りつけないようにしましょう。

大切なのは、子どもが失敗から学べるように導くことです。なぜこういう結果になってしまったのかを理解させ、きちんと後始末ができるように導いてください。子どもは、そういう姿勢の親の言うことは素直に聞くものです。

5 叱る匙《さじ》かげん

窓ガラスの割れる音を聞いた瞬間、ウィリアムのお父さんは、とうとうやったな、と思いました。庭先には、八歳のウィリアムが怯《おび》えた表情で立っています。

「窓の近くで野球はしない約束だろう?」

「うん。でも、気をつけてやってたんだよ……」

「気をつけていたら、やってもいいのか?」

お父さんは厳しい口調で言いました。

「窓のそばではやらない約束だろう」

「ごめんなさい」。謝ればすむと思って、ウィリアムは言いました。

「そうだな、ガラスは、弁償だ。当分、おこづかいはなし」

ウィリアムは、やっと事の重大さに気がつきました。がっくりと肩を落としています。お父さんは、声を和らげて言いました。

「お父さんも、ウィリアムぐらいのとき、窓ガラスを割って、おじいちゃんに叱られたんだよ。弁償しなさいって」

「……ほんと？」

「ほんとだよ。ずっと、おこづかいがもらえなかったんだよ。でも、それでこりて、二度とガラスは割らなかった。さあ、箒《ほうき》と塵《ちり》とりを取っておいで。一緒に、ここを片づけよう」

「はい！」。ウィリアムは、箒と塵とりを取りに走っていきました。

6　小言を言っても子どもはよくならない

子どもに小言を言い、やることなすことにいちいち文句をつけたとしたらどうでしょうか。子どもはうんざりし、やる気を失います。「だめな子だ。何もきちんとできない」と言われているように感じ、意欲がなくなってしまうのです。そんな子どもに親はますます小言を言い、子どもはますますやる気をなくす……あとは悪循環です。

では、親は、どうしたらよいのでしょうか。

「きっとできるはずだ」という肯定的な言い方をするのです。「どうせできっこない」という否定的な言い方は避けてください。たとえば、「また、おもちゃ、出しっぱなしなんだから」ではなく、「おもちゃ、片づけてね」。

「また、ソックス、脱ぎっぱなしなんだから」ではなく、「ソックス、洗濯カゴに入れておいてね」。

こんなふうに言うとよいのです。子どもは気持ちよく聞けます。まだお手伝いの仕方がわからない幼い子どもには、こういう肯定的な言い方がとくに大切です。そして、きちんとできたら、必ず誉めてあげるのです。

「ブロックがしまえて、ほんとうに、偉いわね」

子どもは、こんなふうに言われれば、親の期待に応えようと、頑張るようになるものです。

7 なぜ、文句ばかり言いたくなるのか

子どものやったことに、いちいち文句が言いたくなる。なぜでしょうか。それは、その子がどれだけできたかをではなく、どれだけできなかったかを見てしまうからです。こんな否定的なものの見方は、大人だっていやだと思います。

その子がどれだけできなかったかをではなく、どれだけできたかを見てあげてください。そして、どうすればその子の行動がもっとよくなるか、具体的にアドバイスしてください。子どもを否定するのではなく、肯定しながら、導いてあげるのです。

文句を言うくらいなら、どうすれば文句を言わなくてすむか、その対策を考えるべきなのです。子どもも、そんな前向きな親の姿を見れば、頑張ろうと思うでしょう。

考えてみれば、わたしたちは、毎日ずいぶん文句を言って暮らしています。仕事のこと、他人のことはもちろん、天気にまでケチをつけています。もちろん、わたしたち人間というものは、ときには文句を言い、愚痴をこぼしたくなるものです。しかし、だからといって、いつも子どもに愚痴をこぼしてばかりいていいかといえば、決してそんなことはありません。

わが子を、文句ばかり言って何もしないような人間に育てたくはないものです。

8 子どもに、家族の悪口を聞かせない

子どもに、配偶者の悪口を言うのは、よくないことです。

たとえば、お母さんが、子どもの前でいつもお父さんの悪口を言っていたらどうでしょうか。

子どもは、お母さんの味方をするために、いやいやお父さんを敵にまわさなければならなくなります。これは、子どもには辛いことです。お母さんとお父さんのあいだに挟まって、どうしていいかわからなくなってしまうからです。

おじいちゃんやおばあちゃんの悪口も、よくありません。子どもにと

って、自分をかわいがってくれるおじいちゃん、おばあちゃんは特別な存在です。親族間に問題があっても、子どもの前では、できるだけその話題は避けてほしいのです。

もちろん、それは難しいことです。しかし、親族間のいざこざは、いずれ子どもにもわかることです。幼いうちからそのような重荷を背負わせるのは、子どもにとって酷なことです。

わたしたち親は、子どものために、一族が礼儀正しく節度をもってつきあっている姿を見せる努力をしたいと思います。子どもは、大人たちの姿から、人間関係のあり方を学んでいくのですから。

とげとげした家庭で育つと、
子どもは、乱暴になる

9　イライラしないためには

子どもは、何かに飽きると、体を動かす遊びをしてイライラを本能的に発散させています。たとえば、駆けっこや、お絵描きやおママゴトなどをして。

わたしたち大人も、子どもを見習って、イライラしたら体を動かしてみるといいのです。たとえば、散歩や庭いじりや洗車などはどうでしょうか。

時間がないときは、深呼吸して呼吸を整えるだけでも効果があります。「深呼吸して十数える」。これはカッとならないための、おばあちゃんの知恵です。緊張がほぐれ、心が落ち着きます。イライラしないことは、わたしたち自身のためだけでなく、子どものためにも大切です。子どもがイライラしているときには、こんな空想ゲームをして、子どもの心をほぐしてあげましょう。

幼稚園でいやなことがあったらしいフランクに、お母さんは尋ねました。「今日、幼稚園で、フランクは、なんの動物だったの？」。

「ウーッて唸《うな》ってる、ライオン」

「いまはどんな動物になっている？」

フランクが、「子犬ちゃん」などと答えたとしたら、それは、親に甘えたいというシグナルなのです。ストレスを発散できるように、十分甘えさせてあげましょう。

10 親の矛盾を子どもは見ている

ある日、九歳のテレサと、遊びにきた友だちとが喧嘩《けんか》を始めました。

お母さんは止めに入って言いました。

「そんなふうに、お友だちのことを怒ってもいいの、テレサ？　さあ、二人とも、喧嘩はやめなさい」

その夜、お母さんは、歯磨きをしていないテレサを見て、怒鳴りつけました。すると、テレサはこう言いました。

「そんなふうに、あたしを怒ってもいいの、ママ？」

お母さんはカンカンになりました。

でも、ちょっと冷静になって考えてみれば、テレサの言ったことは理にかなっています。別にお母さんを茶化したり、馬鹿にしようとして言ったわけではありません。テレサからすれば、お母さんはこう言っているように思えたのです。

「大人は怒ってもいいが、子どもは怒ってはいけない」

「人はテレサを怒ってもいいが、テレサは人を怒ってはいけない」

テレサがこう思うのは、当然のことです。

親は、子どもに対して、このような矛盾した態度をとるべきではなく、できるだけ一貫した態度で接したいものです。

11 言葉で気持ちを表現するよう導く

怒りや恨みといった感情は、もちろん子どもにもあります。子どもがそんなマイナスの感情をきちんと言葉で表現できるように、親は導いていきたいものです。

子どもが、人をぶつ、蹴る、突き飛ばす、あるいは嚙みつくなどしたら、その場で厳しく反省させなくてはなりません。とくに、幼い子どもは手が先に出てしまいがちです。言葉で気持ちを表すことができるように、躾《しつ》けていかなくてはなりません。

その子が怒っているとします。そんなとき「怒ってるんでしょう」と先回りして言ってしまわないことです。「どうしたの？」と尋ね、子どもに答えさせます。そして「どうしたらいいかな？」と問いかけて、子どもに考えさせるようにします。

こうすれば、子どもは自分がいまどんな気持ちなのかがわかってきます。そして、その気持ちをおさめるために、どうすればいいのかも考えられるようになるのです。

怒りの感情は心の敵なのではなく、うまくコントロールすべきエネルギーなのだということもできます。怒りの感情をコントロールできる。これは、わたしたち自身にとってだけではなく、家族全員のためにも大切なことです。わたしたち親の日頃の態度を見習って、子どもは育っていき、それが孫の世代まで受け継がれていくのですから。

12 隠さず、子どもに不満を伝える

怒りや不満やイライラを、わたしたちは日頃どんなふうに表現しているでしょうか。子どもの前で、むやみに感情的になるのはよいことではありません。でも、だからといって、感情を押し殺すのもよくありません。子どもは、親が隠そうとしても、親の気持ちを感じ取るものです。ですから、子どもの前ではできるだけ嘘をつかないほうがよいのです。

ある土曜日の朝、サムのお母さんは家の掃除にてんてこまいでした。一週間のきつい会社の仕事を終えた週末です。床の上のクッションを片づけようとして、つい投げつけてしまいます。それを見て、九歳のサム

は言いました。

「お母さん、ぼくのこと怒ってるの？」

お母さんは、はっとして答えました。

「ううん、怒ってなんかいないわよ」

それを聞いて、サムは遊びに出ましたが、お母さんのことが気にかかったままです。

お母さんはサムに、正直に「そうよ、怒ってるのよ。リビングにおもちゃを持ってきたら、自分の部屋に戻しなさい。さあ、手伝って」と言うべきでした。

ほんとうのことを言ってもらえば、サムも、かえって安心できたでしょう。そして、お手伝いもできたはずです。

13　夫婦喧嘩はオープンに

夫婦喧嘩に関しても、親は子どもにオープンであるべきだとわたしは思います。

七歳のカーラは、夜中に目が醒《さ》め、両親の言い争う声を聞いてしまいました。すっかり怯《おび》え、布団にもぐり込んだまま、また眠ってしまいました。

お父さんは、そんなカーラに気づいていました。それで、翌朝、カーラにこう説明しました。

「ママとパパはお金のことでお話をしてたんだけど、喧嘩になっちゃったんだよ。起こして悪かったね」

大事なのは、子どもの不安をとりのぞくことなのです。お父さんとお母さんはほんとうに喧嘩をしていた。けれども、不安になる必要はない。そのことを、カーラに納得させることが大切なのです。

「お金の使い方で、考えが合わなかったんだけど、こうしようって決めて、ちゃんと仲直りできたんだよ。また、なにかあったら、二人でよく話すことにしたんだよ」

こんなふうにお父さんに説明してもらえば、カーラは安心できます。人はときには喧嘩をする。けれども、それで相手を嫌いになるわけではない。それが子どもなりに理解できれば、子どもは安心できるのです。また、カーラは、話しあうことの大事さも学んだはずです。

14 完璧な手本になる必要はない

怒りや敵意の感情は、黒雲のようにわたしたちの心をおおったかと思うと、またすっと消えていくものです。だからといって、感情は天気みたいなものだと責任逃れすることはできません。

自分がどんなときにどんな癇癪《かんしゃく》を起こしているか、これは省《かえり》みればわかることです。感情をうまくコントロールできれば、人に喧嘩を売るような事態は避けられるでしょう。

一度喧嘩を始めてしまえば、エスカレートするばかりです。そんなことはできるだけ避けたいものです。

皮肉なことに、わたしたちは、好きな人に対して、よけいに腹が立ちます。だからこそ、感情的にならないように、日頃から注意する必要があります。怒り狂ってしまったら、自分でも手がつけられなくなってしまいます。

わたしたち親は、子どもにとっての完璧な手本になる必要はないのです。感情的になってしまったら、それを認め、子どもに謝ることができれば、それでよいのです。

子どもは、そんな親の姿から大切なことを学ぶに違いありません。お父さんとお母さんも、自分を律しようと、いつも努めているのだということを。

不安な気持ちで育てると、子どもも不安になる

15　子どもは、怖いことが大好きだけれど

子どもは、怖いことが大好きです。怖い話、怖い映画にわくわくドキドキ。お化けごっこも大好きです。

わたし自身思い出すのは、小学生のころ毎週金曜の晩に、近所の家に集まって、部屋の灯りを消し、ラジオの怖い話を聴いたことです。それは「魔女の物語」という番組で、題名からしてレトロですが、当時はほんとうに恐ろしいものでした。

なかでも一番怖かったのは（そして、一番楽しかったのは）、番組が終わって、みんなで家へ帰るときでした。暗い夜道を平気なふりをして歩

いていくのです。暗がりにお化けがひそんでいるんじゃないか……そう思うと、死ぬほど怖かったものです。もちろん、それがこのうえなくスリリングだったのは言うまでもありません。

でも、こんなふうに恐怖を楽しめたのは、明るい灯りの灯ったわが家に帰りつけるという安心感があったからなのです。

本物の恐怖は、これとはまったく違います。親から受ける暴力、虐待や無関心、生死にかかわる病、あるいは身近な人から受けるいじめなどは子どもにとっては実に恐ろしい体験です。子どもはおどおどし、いつも不安な気持ちでいることになります。安心できる環境が整っていなければ、子どもの健全な成長は望めません。

16　大人には何でもないことが、子どもには怖い

どうしてそんなことが怖いのかと、大人は子どもの気持ちを理解できないことがあります。大人にとっては何でもないことが、たとえば、隣の家の犬や楓《かえで》の枯れ枝などが、子どもには死ぬほど怖いことがあります。

また、何でもない大人の一言に驚いてしまうこともあります。

ある三歳の女の子が、心配そうにお母さんに尋ねました。

「ママは、ほんとうに骨が折れちゃったの？　キャシーおばさんに言ったでしょう」

子どもは、言葉を文字どおりに受け取ってしまうことがあります。この女の子は、「骨が折れる」の別の意味を教えてもらって、やっと安心しました。

子どもが怖いと言ったときには、親はばかばかしいと思わずに、真剣に耳を傾けたいものです。怖いと思っているその子本人にとって、恐怖は現実なのです。

「なに言ってるの」「なんでもないわよ」「弱虫だね」「もう大きいんだろう」などと適当にあしらわないでください。そんなことを言われたら、子どもは、ますます怯えてしまいます。

わたしたち大人は、子どもの目で物事を見るように心がけたいものです。

17 甘えは不安の表れ

親の関心を引きたくて、怖いと言っているだけなのではないか。そんな子どもの言うことを聞いていたら、甘やかすだけではないか。親御さんからよくこんな質問を受けることがあります。でも、そんなことはありません。そんな心配は無用です。

たとえ、親に甘えたくて怖いふりをしているとしても、その「甘えたい」という欲求は満たしてほしいのです。このような欲求は子どもにとっては、食べ物や住む家を求めるのと同じように、基本的な欲求なのです。実際、子どもが親に甘えたいときというのは、何かに怯えているときが多いのです。

三歳のアダムがそうでした。新しい家に引っ越してすぐ、アダムは幼稚園に入園しました。妹も生まれました。両親にとっては、すばらしい新生活のスタートです。でも、幼いアダムにとっては不安でいっぱいの馴れない生活が始まったのでした。

ある晩アダムは、お父さんにこんなことを言って、だだをこねました。

「こわい、こわい。パパ、だっこして」

お父さんは「もうお兄ちゃんなのに、何を言ってるんだ」と言って、突き放したりはしませんでした。「どうしたの？　大丈夫だよ。今日は、お父さんと一緒に寝ようね」。こんなお父さんのやさしい言葉とスキンシップで、アダムは気持ちが落ち着き、不安も和《やわ》らぎました。

18 子どもにとって親の離婚とは

子どもの成長には安定した日常生活が不可欠です。そんな日常生活が崩れてしまう出来事が起こると、子どもは、世界が崩壊したように感じてしまいます。

両親の離婚は、子どもにとって最も辛い事件の一つです。子どもというものは、いつも心のどこかで、もし両親が離婚したらどうしようと案じています。親が配偶者の悪口を言うのを聞くと、不安になります。親が離婚したら自分は捨てられるのではないかと思うからです。

子どもにとっては、親が家を出ていくということは、自分が見捨てられるということに等しいのです。

両親の離婚調停中には、子どもはきわめて不安定な精神状態になります。この時期、親は、どんなに余裕がなかろうとも、何よりも子どものことを優先してほしいと思います。子どもは、両親の離婚に心が引き裂かれる思いをしています。ですから、争いにはできるだけ早く終止符を打ってほしいのです。

たしかに、双方が対立している状況では、子どものことを優先させるのは、簡単なことではないでしょう。しかし、この時期の子どもにはとくに親の気づかいが必要なのです。「離婚をしても、お父さんとお母さんがお前の親であることに変わりはない。これから先も変わらず面倒をみていくよ」と、子どもにきちんと伝えてあげてください。

19 子どもの話に耳を傾ける

わたしたち親は、子どもの生活をすべて把握しているわけではありません。子どもを悩ませる出来事が毎日のように起こっていたとしても、親はまったく知らないという場合さえあります。

学校でのいじめはもちろんのこと、家庭内での兄弟姉妹の争いも、見過ごしてしまうことがあります。わが子がいじめを受けたり、脅されたり、からかわれたりしていても、まったく気づかないこともあるのです。

幼い子どもの場合は、とくにその傾向が強いようです。幼い子どもは、ただ怯えてしまって、親に訴えられないことがあります。誰にも言わずに一人で我慢してしまう子もいます。

親は、時間を割いて、子どもの友だち関係や学校、幼稚園での出来事について、よく話を聞くように心がけたいものです。

そんなときは、「幼稚園どうだった?」と尋ねるよりも、「今日、幼稚園で、どんなことがあったの?」と具体的に聞いてください。

そして、子どもが答えたら、「そういうときは、こうしなさい」とすぐに答えを与えないようにしましょう。「そういうときは、どうすればよかったのかな?」と問いかけて、子どもに考えさせることです。

子どもの話をよく聞いて受け止めてあげれば、子どもは安心し、どうしたらよいかを自分で考えることができるようになります。

20 親だって怖いときがある

わたしたちは、子どものために、強い親でありたいと願っています。子どもがいつでも頼れる存在でありたいと思うものです。けれども、ときには、わたしたち親も『オズの魔法使い』に出てくる臆病者のライオンのような気持ちになることがあります。

人間なら誰でも、不安な気持ちになることがあります。そういうときには、虚勢を張らないのが一番です。

大切なのは、不安をどう表現するかです。親の正直な姿を見れば、子どもは、人間というものは不完全なものなのだ、ときには人の支えや励ましが必要なのだということを学ぶようになります。子どもの小さな手で、大丈夫だよと肩をたたいてもらうと、わたしたち親自身、ほんとうに慰められるものです。

八歳のフォーブは、お母さんは今日病院へ行かなければならず、それで気が沈んでいるのだということを察していました。もちろん、幼いフォーブには、お母さんの病気がどれほど深刻なのかは、よくわかりません。

朝、学校へ行く前に、いつものようにフォーブを抱き寄せたお母さんを、フォーブはぎゅっと抱きしめ返しました。お母さんは驚いて言いました。

「ありがとう、フォーブ」

「かわいそうな子だ」
と言って育てると、
子どもは、みじめな気持ちになる

21 親がみじめだと、子どももみじめになる

わたしたちはときには、自分はなんてかわいそうなんだろうと思うことがあります。そして、すっかりみじめな気持ちになってしまうのです。自分をかわいそうだと思えば思うほど、ますます気が沈み、しまいには泥沼にはまり込んでしまいます。しかし、こんな気持ちでいたのでは、何事もうまくはいかないものです。

子どもに対しても同じことが言えます。子どものことを何かにつけて「かわいそうだ」と言っていたらどうでしょうか。子どもも自分はかわいそうな子なんだと思うようになり、みじめな気持ちになってしまいま

す。何事にも消極的になり、自分は何をしてもだめなんだと思い込むようになってしまうでしょう。

では、やる気のある子、努力を惜しまない子に育てるにはどうしたらよいのでしょうか。まず、右のような言動をあらためることです。そして、親自身が手本になるのです。手本といっても、完璧な手本になる必要はありません。何があってもいっさい弱音を吐かないような強靭な精神の持ち主になる必要はありません。いたずらに自己憐憫《れんびん》に陥《おちい》らないこと。いざというときに、前向きに対処できること。そんな人であればいいのです。

それから、子どもを信じることが大切です。辛いことがあっても大丈夫、この子なら乗り越えられると、子どもを信じてください。

22 子どもは、どんなときに仮病を使うのか

「お腹が痛い……」。四歳のトレーシーは言いました。朝、保育園へ行く間際になってこんなことを言い出したのです。

「行きたくない……」。トレーシーは、お腹を押さえました。

こんなとき、親は迷います。この子はほんとうにお腹が痛いのか。もしかしたら、保育園へ行きたくないから仮病を使っているのではないか。それとも、親に甘えたいだけなのだろうか?

こんなとき気をつけたいのは、親の同情を引けばわがままをとおせると、子どもに思わせないようにすることです。もし、保育園に行きたく

ないために仮病を使っているようならば、次のように尋ねてみるといいでしょう。

「保育園に行ったら、何かいやなことがあるの？」

「今日、家で何をしたいの？」

子どもが仮病を使っていた場合、こんな親の問いかけに答えていくうちに、子どもは、自分がいまどんな気持ちなのかわかっていきます。親も、子どもとの対話をとおして、子どもの状態をつかむことができます。

子どもは、親にかまってほしくて仮病を使うこともあります。そんなときには、最近、子どもにどう接していたかを思い返してみてください。もし、忙しくて余裕がなかったのなら、子どもとの時間を増やすように心がけてほしいと思います。

23 「できない」と言う子に対して

子どもは、「自分にはできない」と言って、親の同情を引こうとすることがあります。この言葉は、究極の言い訳になります。「自分にはできないのだから、そんなことを言われても困る」というわけです。

子どもはできないのではなく、やる気がないから、こんなことを言うのです。

この手に乗ってしまったら、「自分にはできない。自分には能力がない」という子どもの言いわけを、受け入れたことになってしまいます。

こんな後ろ向きな姿勢を、子どもに取ってほしくはありませんね。子どもを励まし、なんとかやる気を起こさせたいものです。

子どもがコンプレックスを感じているのだとしたら、子どもの話をよく聞き、どうしたら前向きになれるかを子どもと一緒に考えることです。子どもを励まし、もう一度やってみようという気を起こさせることが大切です。

適切な助言をしながら、一緒に行動しましょう。

「あなたならできる」と親が子どもを信じれば、子どももそう信じることができます。子どもを信じ、励ますことは、子どもに同情することよりも、ずっと大切なことなのです。

24 親も一緒にしょげてはいけない

小学二年生のベンは、算数の宿題にうんざりして、べそをかきました。

「できない。こんな難しい問題、ぼくにはできないよ」

ベンのお父さんは、息子の情けない気持ちがわかりました。が、泣き言は聞かずに、こう励ましました。

「一年生のときも算数ができなくて、大変だったよね。でも、先生に聞きに行ったり、お父さんと一緒に勉強したりして、それで、できるようになったじゃないか。だから、今度だってできるよ。さあ、もう一度やってみよう」

子どもがしょげているときには、親はついかわいそうに思ってしまうものです。しかし、親も子どもと一緒にしょげていたら、子どもはますますやる気を失ってしまいます。

大事なのは、子どもが「もう一度やってみよう」と思えるようにすることです。親の自分が苦手だったことは、子どもも苦手なんだと思い込まないように気をつけてください。もし、ベンのお父さんが算数が苦手だった場合には、ベンにもつい甘くなっていたことでしょう。しかし、それでは、子どものためになりません。

親の役目は、子どもを励まし、導きながら、埋もれている力を引き出すことなのです。

25 どこまで手助けしたらよいか

子どもが何かをできずに困っているとき、親はどこまで子どもに手を貸したらよいのでしょうか。

これはなかなか微妙な問題です。手助けしすぎて、かえってよくないこともあります。子どもに自分でやらせて、自信をつけさせるべきときもあるのです。一方、場合によっては、親の助けが必要なときもあります。

そのときそのときの子どもの状態を、親はよく見極めたいものです。一番いいのは、アドバイスを与え、手を貸しておいて、あとは子どもに任せることです。子どもが自力でやり遂げられるように見守ることが大事なのです。

いつ、どんなふうに、どれだけ手を貸したらいいのか、親はそれを判断しなくてはなりません。親の助けがどれだけ必要かは、子どもの年齢とともに変わります。三歳の子に必要な助けも、五歳の子には邪魔になるでしょう。子どもを励まし、必要なときにだけ手を差し伸べることが大切です。

子どもは自分で苦労してこそ新しいことを身につけていくのだ、ということを忘れないでください。

26　同情するのではなく一緒に考える

「あたしだけ、メリッサのパーティーに呼ばれなかったの」

ある日、十歳のジャニスは、肩を落として言いました。

「呼ばれなかったのは、ほんとうにジャニスだけ？」

お母さんは、娘の肩を抱きながら尋ねました。

ジャニスは小さな声で答えました。

「ほかにもいたけど……」

「パーティーの日は、かわりに、何をしましょうか？」

お母さんはやさしく言いました。

「家で落ち込んでる」

半分は本気、半分はお母さんの反応を見ながら、ジャニスは言いました。お母さんは、取り合いません。ジャニスは言いました。

「ねえ、お母さん。呼ばれなかったお友だちを家に呼んで、お泊まり会をしてもいい？」

「それは、いいわね。みんなで、クッキーを焼いたらどう？」

いやなことや悲しいことがあったとき、いつまでも自己憐憫に浸っていてもしかたがありません。どうしたら前向きになれるかを考えられるように、親は子どもを導いていきたいものです。

子どもを信じ、励ますことは、子どもに同情することよりも、ずっと大切なことなのです。

子どもを馬鹿にすると、引っ込みじあんな子になる

27 わが子が人に馬鹿にされたら

人間には、人を馬鹿にして面白がるという残酷な面があります。

「ただの冗談だよ。冗談もわからないの？」

こう言われてしまえば、馬鹿にされた人は、それ以上返す言葉がありません。言い返せば、「冗談もわからないのか」と、ますます馬鹿にされてしまいます。かといって、黙ってしまえば、プライドは傷ついたままです。

とくに、幼い子どもは、馬鹿にされると、どうしていいかわからなくなってしまいます。一緒に笑ったほうがいいのか、無視したほうがいいのか判断できないのです。これは、ブレーキを踏んだままアクセルを吹かすような、にっちもさっちもいかない状態です。子どもはジレンマに陥り、おどおどしてしまいます。変なことをして目立ってしまわないように、陰に隠れるようになってしまうかもしれません。

その結果、子どもによっては、引っ込みじあんになってしまう場合もあります。そんな子は、元々おとなしい性格の子とは違います。おとなしい子というのは、人と親しくなるのに時間のかかる子です。人に馬鹿にされるのが怖くておとなしくしているわけではありません。

わが子が人に馬鹿にされて怯えているようなら、親がよく話を聞き、手を差し伸べてあげてください。

28　笑われても、子どもはすぐにはわからない

十歳のスコットは、近所の子どもたちと野球をしていました。スコットはかなり動作が遅い子です。スコットの打順が回ってきました。

「スコット！　スコット！　スコット！」

敵チームの子どもたちは、いっせいにスコットをはやし始めました。はじめスコットは、応援されているのだと嬉しく思いました。でも、一回二回と空振りをして、ますますはやし声が大きくなったとき、自分は馬鹿にされているのだと気づきました。

スコットは、頭の中が真っ白になり、怒りが込みあげてきました。も

う一度空振りをし、三振。はやし声は、守備につこうとするスコットを執拗《しつよう》に追いかけてきます。スコットの顔は真っ赤です。くやしくて泣きそうです。ここで抜けてしまうか、黙って試合を続けるべきか……。どうしたらいいのかわかりません。

馬鹿にされている子は、最初はそのことに気づかないものです。みんなの笑いや野次《やじ》が何を意味するのか、すぐにはわからないのです。みんなが楽しそうに笑っていれば、誰でも一緒に笑いたくなるものです。

しかし、自分が笑われているのだと気づいた瞬間、本人は恥ずかしさでいっぱいになります。そして、どうしていいかわからなくなってしまうのです。

29 子どもはなかなか親に言えない

馬鹿にされたらどうしようと思っただけで、子どもは、怖気《おじけ》づきます。いつもそんな目に遭っていたら、子どもは何事に対しても引っ込みじあんになってしまいます。そうなると、あとは悪循環です。ほかの子は、その子のおどおどした態度につけ込んで、ますます馬鹿にするようになります。その子は、いじめの格好の餌食《えじき》にされてしまうのです。

こんな役回りを背負わされるのは、ほんとうに辛いものです。でも、仲間外れにされるよりはましだと思って、子どもは耐えてしまうのです。

いじめに遭っていることを、子どもはなかなか親に言えないものです。恥ずかしくて話せないのです。

親に言っても無駄だと思う子もいるかもしれません。たしかに、親が介入して、かえっていじめがエスカレートする場合もあります。

しかし、子どもを励まし、守ることはできるはずです。いじめに負けずにほかの友だちを探せるように、親は子どもを励まし、支えてあげてください。

30　わが子が人をいじめていたら

「いじめ」に関しては、自分の子がいじめる側になっている場合もあります。まさかわが子がそんなことを、と親はショックを受けるに違いありません。

けれど、「そんなことしちゃダメだよ」「いじめは悪いことだよ」とだけ言っても、効き目はないでしょう。子どもは、親に隠れていじめを続けるに違いありません。

こういう子には、人に対する思いやりの気持ちを一から学ばせなくてはならないのです。

「もしあなたが同じことをされたら、どんな気持ちがすると思う？」

「そんなことを言われた人が、どんな顔をしたか、憶《おぼ》えているかい？」

「その人がどんな気持ちだったか、考えてみたことがあるかい？」

こんなふうに、子どもに問いただすべきなのです。

子どもに思いやりを教える一番の方法は、親が子どもを思いやることです。子ども自身が人から思いやりを受ける経験をしていれば、人の気持ちに敏感になり、人にやさしくなるものなのです。

31 いじめに対して親ができること

いじめを直接やめさせることはできなくても、親としてできることはたくさんあります。子どもの様子にいつもと違ったところはないか、日頃から気を配ってください。急に元気がなくなったり、無口になったり、気持ちが不安定になったりしてはいないでしょうか。

もし、子どもが、いじめに遭っていると打ち明けたら、まず、真剣に話を聞くことです。「たいしたことじゃないよ」「気にしなければいいのよ」「別に相手は本気で言ってるわけじゃないだろう」などと言って軽く受け流すようなことは絶対にしてはいけません。傷ついた気持ちを正直に話せるように、子どもの話をじっくり聞くことが第一なのです。まだ幼稚園か小学校に通っている幼い子どもなら、幼稚園や学校の先生に相談し、協力してもらうことも必要です。

わたしたち親自身が、子どもを馬鹿にしたり、からかったりしてしまうこともあります。親御さんによっては、それでわが子が鍛えられると思っているのかもしれません。

しかし、言うまでもなく、ほんとうの強さは、人から馬鹿にされたりからかわれたりして育つものではありません。保身に回るというよくない処世術が身についてしまうだけです。これは、ほんとうの強さではありません。気をつけたいものです。

32 子どもを救うのは親自身

兄弟姉妹のあいだにも「いじめ」はあります。互いの弱点を知り尽くしているので、いくらでもけなす材料はそろっています。あからさまにからかったり、あげ足を取ったり、けなす言葉はエスカレートします。

親は、子どもたちのあいだで何が起こっているのかを、いつも注意して見ていなくてはなりません。いじめている子を戒《いまし》め、兄弟姉妹みんなが安心して暮らせるように気を配ってほしいと思います。

どんな子どもでも、いじめやからかいの対象になる可能性はあります。親がいつも守ってあげられるわけではありません。けれど、家庭がくつろぎの場であり、心からほっとできる場所であれば、子どもはそれだけで救われます。

親自身が、人の弱さや欠点を受け入れられる心の広い人であれば、家庭は、子どもが心から安らげるあたたかい場所になります。

たとえ失敗しても許してもらえるのだという安心感があれば、子どもの心は明るくなります。

わたしたち大人も失敗だらけで、ときには自分で自分を笑うこともあるでしょう。

人を笑うのではなく、自分で自分の失敗を笑い飛ばせる家族。失敗を許せる家族。そんな家族であれば、子どもはほんとうの強さを身につけていくはずです。

親が他人を羨《うらや》んでばかりいると、子どもも人を羨むようになる

33　緑色の目をしてはいけない

「緑色の目をする」

〝嫉妬〟を英語ではこう比喩的に表現します。

たしかに嫉妬は、わたしたちがどんな目で他人や物事を見るかによって生まれる感情です。嫉妬深い目には、隣の芝生は青く見え、車は上等に、家は立派に見えます。たとえ自分の庭の芝生は青く、車も家も申し分ないとしても。

世の中には、たしかに、自分より恵まれている人は大勢います。しかし、自分より恵まれない人も大勢いるのです。この事実のどちらに目を向けるか、それは、わたしたち次第です。

もし、親がいつも自分と他人とを引き比べて不満を感じ、他人を羨んでばかりいたらどうでしょうか。子どもも、そんな親の影響を受けてしまいます。

わたしたちは、子どものためにも、緑色の目の怪物にならないように心がけたいと思います。子どもが、己の幸福を幸福とし、他人を妬《ねた》んだり嫉《そね》んだりすることがないように、親は教えたいものです。

34　物の価値はその人しだい

　ある日、ぴかぴかの新車が庭に入ってきました。運転するお父さんの誇らしげな横顔が見えます。お母さんはこの色がいいと思っていました。新車を買うのは初めてのこと。

「すごい!」。子どもたちも大喜びです。

　夏のあいだ、子どもたちは洗車を手伝いました。車に乗るときは、中で物を食べないようにし、座席を靴で汚さないように気をつけました。

　秋がきました。近所の人が、最新モデルの車を買いました。それもお父さんの車よりも安い値段で。お父さんは、顔を曇らせて言いました。

「うちも、あの車にすればよかった。あと二、三カ月待っていれば、あれが買えたのに」。お母さんは、慰めて言いました。「いいじゃないの。みんな、うちの車が気に入ってるんだから」。

でも、お父さんは、機嫌を直しませんでした。道であの新車を見かけると、羨ましそうにじっと目で追っています。子どもたちは、事情がよく飲み込めませんでしたが、お父さんがもうあまり車を大切にしなくなったのはわかりました。

いつの間にか、子どもたちも、自分のうちの車に興味を失い、どうでもいいと思うようになってしまいました。土足で座席に上がっても、お菓子を食べて食べかすを散らかしても、もう平気です。車は薄汚れ、ほんとうにつまらない車になってしまいました。

35　なぜ、よその子に嫉妬してしまうのか

親御さんのなかには、よその子に嫉妬する人もいます。いつもほかの子どものことが気になり、競争心を燃やしてしまうのです。誰が一番駆け足が速いか、誰が一番かわいいか、誰が一番勉強ができるか、誰が名門大学に行くか……。

世の中には常に、わが子より頭のいい子、駆け足の速い子、器量のいい子がいるものです。いちいち嫉妬していたらきりがありません。

それでも嫉妬してしまうのはどうしてでしょうか。わが子にはこれができない、あれができないと欠点ばかりを見てしまうからです。これで

は、ほかの子のほうがよく見えて当然です。妬ましく思えます。

わが子の長所を見るようにしてください。あれができない、ではなく、あれができる。そういう目で見てあげてください。そうすれば、ほかの子と比較したとしても、それはその子の個性なのだと思えるようになるはずです。

子どもの成功や失敗は、その子自身のものであり、親のものではないのだと肝に銘じることも大切です。子どもの成功や失敗に一喜一憂するのが親というものです。ですが忘れないでください。子どもには子どもの人生があるのです。自分の叶えられなかった夢を子どもに託して、過剰な思い入れをしないように、いつも気をつけていたいものです。

36　兄弟姉妹を比べてはいけない

お母さんは言いました。「お姉ちゃんのようなきれいな字が書けるといいのに……。シャロンは、どうして、こうなのかしら」。シャロンはお姉さんを見ました。お姉さんは、ダイニングテーブルの向かい側で、黙って宿題をやっています。学校の先生も、お友だちも、お母さんまで、みんなお姉ちゃんのほうが好きなのです。シャロンが悪いの？　それともお姉ちゃんが悪いの？

「もう、いやだ。こんな鉛筆じゃ書けない。字を書くのなんか、大嫌い！」。シャロンは、泣きながら二階へ駆け上がってしまいました。

わが子が親の言葉にこんなふうに過剰反応したときには、親は、自分の言動を反省してみる必要があります。

このお母さんも、よく考えてみれば、シャロンが泣き出した理由がわかるはずです。何かにつけてシャロンをお姉ちゃんと比べていたのです。

お母さんは、シャロンの気持ちを考えて、シャロンに謝ってほしいと思います。子どもは、人を許す天才です。親が自分の非を認めたときにはとくにそうです。

このお母さんは、これからはシャロンをお姉さんと比べたりしてはなりません。シャロンの個性を認め、シャロンはシャロンなのだという気持ちで接することが何よりも大切です。

37 人と同じにしたがる年ごろ

「みんなピアスしてるもん。わたしもしたい」

十三歳のスージーは言いました。

家族よりも友だちにウエートが置かれる年齢になると、子どもは、なんとかして友だちと同じようになろうとします。この時期はまた、子どもが自我に目覚めるころでもあります。世の中での自分の居場所を探し始める時期です。子どもは、友だちと同じになり、グループの一員になることによって安心したいと思うのです。

親は、その子の個性が失われていくようで、がっかりするかもしれません。親は、そんな子どもに、友だちとすべて同じである必要はないと言ってあげましょう。人がそれぞれ違うことは大切なことなのだということを、子どもにぜひ教えてあげてください。自分をしっかり持っていれば、子どもは、友だちのことはそんなに気にはならなくなるものです。

もちろん、友だちに影響を受けてはいけないということではありません。尊敬する友だちを持ち、あやかりたいという気持ちになることは、人を真似ることとはまったく違います。そんな友だちがいれば、子どもは目標を与えられ、やる気が出ます。よきライバルを得れば、子どもはよい刺激を受け、成長します。相手を尊敬し認めていれば、たとえ自分は目標に達することができなかったとしても、相手を妬んだりせず、素直に受けとめることができるはずです。

38 自分を受け入れることが、子どもを受け入れること

子どもが思春期を迎え、自我に目覚めたとき、子どもを見守り支えてあげるのが親の役目です。この時期、子どもはさまざまな問題に直面し、自分は何者なのかと悩むようになります。親の役目は、そんな子どもが自分の特性に気づき、それを伸ばすことができるように導くことです。

そのために一番よいのは、日常生活のちょっとした合間に、子どもの話を聞くことです。車に乗っているときや寝る前のひととき、一緒に料理をしているときや庭いじりをしているときなど、いつでもよいのです。かえって、そんな何気ないひとときのほうが、子どもも本音を言い

やすいのです。大切なことは、先回りしたり、親の考えを押しつけたりしないことです。子どもの話をじっくり聞いてあげましょう。芽ばえ始めた子どもの自立心を挫《くじ》いてしまわないように、親は、子どもの気持ちや考えを尊重してほしいと思います。

そうすれば、子どもは自分が大切にされている、認められ愛されていると実感できます。自分は親に丸ごと受け入れられていると感じることができるのです。

親自身が自分の欠点も長所もそのまま素直に受け入れている人であれば、子どもはそんな親の姿から学ぶことができます。自分の不完全さを受け入れ、己の幸福を幸福とする親の姿が、子どもにとっては何よりの手本になるのです。

叱りつけてばかりいると、
子どもは「自分は悪い子なんだ」
と思ってしまう

39 厳しく叱るよりも、子どもを導くほうがいい

「お財布のなかの小銭が全部なくなってるんだけど。メリッサ、知らない?」

人形遊びをしていたメリッサは口を開きました。「アイスクリーム屋さんの車が来て、アイスを買いたかったんだけど、お母さんは電話してて、それで、自分でお金を出したの」。

お母さんはメリッサの脇に腰を下ろし、おだやかに、しかし、きっぱりと言いました。「あれは、お母さんのお財布よ。お母さんは、メリッサのお財布から黙ってお金を取ったりしないわ。メリッサも、お母さん

のお財布から黙ってお金を取ったら、それはいけないことなのよ」。

メリッサがお金を取ったのが初めてのことだったら、お小遣いのなかからお金を返させるようにすればいいでしょう。もし、これで二度目だったら、たとえば、大好きなテレビ番組を見せないことにするのもいいかもしれません。

お母さんは、ほんとうはどうすればよかったかをメリッサに考えさせました。メリッサは言いました。

「子豚の貯金箱から、お金を出せばよかったんだ。……メモを書いて、電話しているお母さんに見せればよかった」

こんなふうに子どもを導くほうが、子どもを責めて必要以上に罪悪感を植えつけるよりも、ずっと効果的なのです。

40 子どもを罵《ののし》ってはいけない

散らかり放題のジュリーの部屋。お母さんは、もう我慢の限界でした。十一歳の女の子には十分こたえる口調で言いました。

「よく平気ね！　まるで豚小屋じゃない。ほんとに、だめな子ね」

ジュリーはしょげかえって部屋へ行き、ため息をつくと部屋を片づけ始めました。

部屋はきれいになりました。でも、なんだかすっきりしません。まだ何か悪いことをしているような気分です。

親に罵られると、子どもは傷つきます。そのときは親の言うことを聞いたとしても、それはいやいや聞いたのです。これでは、子どもがほんとうによくなったとはいえません。

このお母さんは、ジュリーを「だめな子だ」と罵るべきではありませんでした。

「すぐに部屋を片づけなさい」とだけ、言えばよかったのです。

そうすれば、ジュリーを傷つけることはなかったはずです。

「こんなに散らかして。もう限界よ」とだけ言っていればよかったのです。

そうすれば、問題なのは部屋が散らかっていることであり、ジュリー自身ではないのだということが伝わったはずなのです。

41 努力を認める

六歳のビリーは、冷蔵庫からオレンジジュースを取り出しました。ところが、手が滑ってパックが落ち、床はジュースの海になってしまいました。一歳半の妹は、キャッキャと手をたたいて大喜び。

でも、もう六歳のお兄ちゃんになったビリーは、妹と一緒に喜んでいるわけにはいきません。キッチンタオルを切って、オレンジの海にぴたぴた浸し始めました。

「ごめんなさい。ジュースこぼしちゃった」

飛んできたお母さんは、カッとならないように、深呼吸しました。ビリーは悪ふざけしていたわけではなさそうです。失敗の後始末をしようとしていたのでした。

「お母さんも手伝うわ。ビリーはよく頑張ったけど、キッチンタオルよりも雑巾とバケツがいるわね」

子どもの努力を認め、誉めることは、とても大切なことです。子どもは努力を認められることによって責任感を育てていくからです。ビリーは、悪いことをしたと自覚して、お母さんに謝り、こぼれたジュースを拭き取ろうと自分なりに頑張りました。その努力は買ってあげなくてはなりません。ビリーのお母さんは、そうしました。

こんなお母さんのおかげで、ビリーは、失敗を認めて謝ること、責任を取って許してもらうことの大切さを学ぶことができました。

42 思いやりのある子に育てるには

わが子を思いやりのある子に育てるためには、まず、親自身が、子どもを思いやらねばなりません。子どもの話をよく聞き、子どもの気持ちをわかろうと日頃から努めていれば、子どもは、そんな親の姿から学ぶのです。

四歳のサムは、お兄ちゃんのケーシーが作ったブロックの塔に三輪車ごと突っ込んで、塔を壊してしまいました。お父さんは、どうしてこんなことをしたのか、サムに尋ねました。

「だって、お兄ちゃんが遊んでくれないんだもの」

そう答えたサムにお父さんは問いかけました。

「塔を壊されて、お兄ちゃんは、どんな気がしたと思う？」

「ひどいと思ったと思う」

「お兄ちゃんに遊んでほしかったのなら、どうしてそんなことをしたんだい。そんなことをしてお兄ちゃんは遊んでくれると思うかい」

そして、どうすればお兄ちゃんは一緒に遊んでくれたのかを、サムに考えさせました。また、お兄ちゃんにどう償うべきかも考えさせました。

サムは、お兄ちゃんに謝り、塔を直すのを手伝うと言い出しました。さすがにまだ怒っていたお兄ちゃんは、塔は一人で直すと言い張りましたが、弟の気持ちはわかったようでした。

43 罪悪感を植えつけてはいけない

子どもは、親に支えられ、教えられて、人の世の掟《おきて》を学んでいきます。

子どもを頭ごなしに叱りつけるのは、よいことではありません。それよりも、なぜこんなことになってしまったのか、自分のしたことを反省させるほうが、ずっと子どものためになるのです。

子どもの話に耳を傾け、その子なりの言い分にも理解を示してあげましょう。そうすれば、子どもは自分のやったことに責任を取ろうとします。過ちを素直に認めるようになるのです。

そうは言っても、幼い子どもは自分中心に生きています。親は忍耐が必要です。

けれど、そんな幼い子どもも成長するにしたがって、正邪の判断がつくようになり、責任感を身につけていきます。

心配はいりません。子どもの心に、相手への思いやりの気持ちが育っていけば、自分の過ちを心から謝罪することができるようになります。

このような学びの体験を重ねることこそが、子どもの成長には大切なのです。厳しく叱りつけられて、おどおどし、罪悪感に苛《さいな》まれていては、前に進むことはできないのです。

励ましてあげれば、
子どもは、自信を持つようになる

44 「励ます」とは「心を与える」こと

「励ます」という言葉の英語の元々の意味は、「心を与える」というものです。子どもを励ますとは、子どもにわたしたちの心を与えることなのです。子どもが生活面でも精神面でも独り立ちできるようになるまで、子どもを助け、支えるのがわたしたち親の役目です。

けれども、どこまで子どもに手を貸し、どこまで子どもの自主性に任せるか。また、どんなときに誉め、どんなときに辛口の助言を与えるか……。それは、とても微妙な問題です。

子どもが何か新しいことを学ぼうとしているときには、子どもを支えるだけではなく、公平な評価も与える必要があります。失敗したときには「もっと上手にできるはずだよ」と子どもを励まし、やる気を引き出すようにしましょう。そして、たとえ失敗したときでも、親はいつも子どもの味方なのだということを教えてあげてください。

そのためには、その子は何が得意なのか、何をしたいと思っているのかに十分に注意を払ってください。

子どもは、皆一人ひとり違います。人に何か言われるとすぐに挫《くじ》けてしまう子、一人でやらせたほうがいい子、人一倍支えや助けの必要な子……子どもには、それぞれの個性があります。それを見極めて、適切な助言を与え、手を差し伸べてほしいと思います。

45 頑張ったことを誉める

五歳のネーサンは、ブロックで塔を作っていました。ところが、微妙にバランスが崩れ、塔は壊れてしまいました。ネーサンはくやし涙を浮かべています。見ていたお父さんは言いました。

「すごく高い塔を作れたじゃないか。ネーサンの背と同じぐらい高かったぞ。さあ、お父さんと、もう一度作ってみよう」

二人でブロックを積みながら、お父さんは、どうしたら崩れにくく積めるかを示してみせました。

このお父さんは、まずネーサンの最初の塔を誉め、それから、崩れにくい塔の作り方を教えたのです。

子どもをどのように励ましたらいいかは、時と場合によって違います。手を出したほうがいいときもあれば、一人でやらせたほうがいいときもあります。しかし、いずれの場合にも、やさしい言葉をかけたり、適切な助言を与えたりすることが大切です。

子どもがうまくできなかったとしても、親まで一緒に落ち込んではいけません。子どもがどこまでできたかに注目し、頑張ったことを誉めてほしいと思います。そうすれば、子どもはやる気が出て、失敗しても、もう一度やってみようと思えるようになるのです。

46　子どもには時間がかかる

子どもに自分でやらせるべきだとわかってはいても、親は、ついつい手を出したくなってしまうことがあります。とくに幼い子の場合は、自分でやらせるよりも、親がやってしまったほうが早いことが多いものです。子どもが少し大きくなってからも、本人が進んでやるようにしむけるのは、忍耐のいることです。しかし、たとえ子どもがいくつであれ、子どもにやらせるべきことは、親が手出しをしないように注意しなければなりません。年齢と能力に合わせて、子ども自身にやらせるのは大切なことです。親の役目は、子どもが自分でできるように励ますことです。

四歳のビリーは、靴紐を結ぼうとしていました。でも、小さな指では、なかなか輪を作れません。「ほら、貸してごらんなさい」。お母さんはそう言うと、ビリーの手をはらって、紐を結んでしまいました。お母さんの手の動きは速すぎて、どうやって結んだのかビリーにはわかりませんでした。自分で結びたかったビリーは、お母さんがせっかく結んだ靴紐を解いてしまいました。これで、振り出しに逆戻りです。

このように、靴紐を結んだり、服を着たり、歯を磨いたり、部屋の片づけをしたりすることは、大人からすれば何でもないことに見えるでしょう。しかし、子どもには時間がかかるのです。親はその点に十分気を配り、ゆとりを持ってください。急いでやってうまくゆかずにイライラしないためには、時間に余裕が必要です。

47 過保護になってはいけない

親として気をつけたいのは、失敗してがっかりするのはかわいそうだと思って、ついつい過保護になってしまうことです。

六年生のエディーは、クラスの学級委員に立候補することにしました。ある晩、エディーが寝てしまった後、お母さんとお父さんはこんな話をしました。

「もし、選ばれなかったら、ものすごくがっかりすると思うわ」

お母さんは心配です。

「こんなことなら、勧めなければよかった」

お父さんは、笑いながら答えました。

「大丈夫だよ。いい経験になるよ」

「落選しても？」

「そのほうが、かえって、もっといい経験になるかもしれないよ」

お父さんは、正しいのです。選挙の結果がどうであれ、エディーは立候補という この経験から学び、成長することができます。選ばれれば、自信をつけることができます。選ばれなかったとしても、目標に向かって頑張ったという満足感が得られるに違いありません。

エディーのお母さんは、もうそろそろ、息子を保護するのではなく、息子が独り立ちするのを見守るというスタンスを取ったほうがよさそうです。

48 期待がやる気を引き出す

子どもは、自分に対する親の評価をもとにして自己像を形成します。その自己像は、学校や地域社会や将来の職場での人間関係に大きな影響を及ぼすのです。子どもの長所を見つけ出し、伸ばすことができれば、子どもは、最良の自己像を持つことができるでしょう。

子どもが何か難しいことにチャレンジしているときには、きっとできると信じてあげましょう。

「あなたならできる」と励ますことは、プレッシャーをかけることとは違います。親の期待が、子どものやる気を引き出すのです。どうせできっこないと親に諦められてしまったら、子どもはやる気を失ってしまいます。どんな子どもも、日々学び、成長しているのです。その子の持てる力を十二分に伸ばすことが、わたしたち親の役目なのです。

もし、子どもが途方もない夢を抱いていたとしても、その夢を信じることです。子どもは自信を失いかけても、親に支えられれば、自信を取り戻すことができます。

親が子どもを信じ、その子の夢、その子の力、その子のすばらしい内面を心から認めてあげれば、子どもは、自尊心のある強い人間に成長することができるのです。

広い心で接すれば、キレる子にはならない

49 なぜ時間がかかるのか、説明する

幼い子どもにとっては、待つことはとても難しいことです。まだ時間の観念がないのも、待てない原因の一つと言えます。

「あとどのくらい？」

「もう終わり？」

「まだなの？」

「いつなの？」

こんな言葉で何度も問いかけてきます。しかし、待つことを教える機会は、毎日の生活のなかにたくさんあります。

たとえば「お腹が空いた！」と、子どもが待ちきれずに叫んだとします。そうしたら、料理には時間がかかるのだということを説明しましょう。パスタをゆでて、野菜を切って、オレンジの皮をむいて……。具体的に教えるといいでしょう。

「氷がほしい！」

氷ができていないのに、そう子どもがねだったとします。そうしたら、アイストレーを見せながら、水が氷になるには時間がかかるのだと説明しましょう。これは科学の勉強にもなります。

子どもがイライラし出しても、親は腹を立てずに、子どもの気持ちを受けとめてください。そして、そのことになぜ時間がかかるのかを説明し、納得させるのです。

50 待つことを教える

子どもは、待ち遠しいという気持ちを、なかなか抑えることができません。子どもにとって、休みの日は格別です。もう、わくわくして待ちきれません。でも、こんなわくわくした気持ちがあるからこそ、親が上手に教えれば、子どもは、時間の経過の概念や待つことの大切さを学ぶことができるのです。

たとえば、子どもに、カレンダーの見方を教えて、一日、一週間、一カ月単位の時の経過を教えることができます。小学校に入る前の子どもなら、専用のカレンダーを与えて、楽しみにしている特別な日にシールを貼らせるのもいい方法です。この日にはクリスマスの飾りつけ、この日には誕生日のプレゼントを作るなど、その日が近づいてきたら、その日のための準備をする予定を立てます。

そうすれば、その日はますます大切な日になり、その日を待つまでの日々も充実したものになるでしょう。

幼い子どもに時間の観念を教えるには、植物を育てさせるのもよいでしょう。子どもに、毎日水をやらせます。そうすれば、子どもは、草木に芽がふき、若葉へと育っていく様子を見ることができます。そんな植物の変化を観察することで、子どもは時の経過を実感するのです。

生命が育つのには時間が必要であり、じっと待たなくてはならないのだということを、この経験をとおして感じ取るのです。

51 子どもは察する

自分とは異なった人々をどんな目で見、どう接するか。それは、その人の心の広さを映し出す鏡となります。

マイケルは五年生になりました。新しい担任の先生は、マイケルとは異なった人種の人でした。お母さんにはそれがとても気になるらしいのです。

「今度の先生はどう？　どんな本を読みなさいって言う？　特定の人だけひいきすることはない？」

お母さんはどうしてこんなにしつこいのかと、マイケルは思いました。「ほんとうにいい先生だと思うの？　マイケルは、ほかのクラスに入れてもらいたくない？」。

いったいお母さんは何を言っているんだろうとマイケルは思いました。マイケルは最初、新しい先生が好きでした。でも、もうなんだか、あまり好きではなくなってきました。次の日、学校に行っても気分はすっきりしません。なんだか先生は、ほんとうに一部の人をひいきしているような感じがしてきました……。

もし、マイケルのお母さんに、人種差別についてどう思うかと尋ねたら、きっと「ほんとうにひどいことです」という答えが返ってくるでしょう。けれど、このお母さんは、息子に身をもって人種差別を教えているようなものなのです。

52　子育ては忍耐力

子どもにとって、家庭とは、人生で最初に出会う共同生活の場です。そんな家庭のなかで、子どもは、自分とは異なった人とどうやって仲よく暮らしていくかを学びます。ときには喧嘩をしたり、争ったりすることもあるでしょう。けれども、家庭生活は、違いを尊重し、受け入れ、そこから学ぶことによって、より豊かなものになるのです。

親であることは、想像を絶するほど忍耐のいる仕事です。忍耐力を試されていると思えるほどです。子育てはこの世で一番大変な仕事だと言われるのも頷《うなず》けます。

しかし、また、子育てほどやりがいのある仕事はほかにないでしょう。子どもを慈《いつく》しみ、立派に育てることほどすばらしいことはありません。けれど、そうとわかってはいても、どうしても、堪忍袋の緒が切れて、子どもに辛く当たってしまうことがあります。一日に何度も子どもに謝りたいと思うこともあるでしょう。

子どもは、そんな親の気持ちをわかってくれます。子どもは、靴がうまく履けずに癇癪を起こしたり、順番が待てなくてぐずったりするかもしれません。しかし、親に対してはこのうえなく寛大なのです。

親自身が日頃から努め、和気あいあいとした家庭をつくっていけば、それが子どもにとっての手本となり、今後の人生の糧《かて》となるでしょう。

誉めてあげれば、子どもは、明るい子に育つ

53 よさを認められた子は、世の中のよさもわかる

子どもを誉めることは、親の大切な愛情表現の一つです。子どもは、親の言葉に励まされて、自分は認められ愛されているのだと感じるのです。親の誉め言葉は、子どもの心の栄養となります。子どもの健全な自我形成には欠かすことができません。

子どもがなし遂げたことだけではなく、その子の意欲も誉めてあげましょう。子どもが大人になり、さまざまな苦難にぶつかったとき、子どものころ親に誉められたことが、心の強い支えになります。親の言葉を、子どもは一生忘れないのです。

子どもは、自分を認め誉めてくれる親を見て育つことで、友だちとの関係でも相手のよいところを認めることの大切さを学びます。こうして、相手の長所を認め、人と仲よくやっていける明るい子に育ちます。自分のよさを親に誉められて育った子どもは、この世の中のよさも認められる子になります。

日々の暮らしのなかで、子どものよい面を少しでも多く見つけ出してください。そうすれば、子どもは幸せな幼年時代を送ることができ、後の人生の幸福も約束されるに違いありません。

54 子どもには必ず長所がある

どんな子どもも誉められるべき美点や長所を持っています。子どものことをよく見ていれば、たとえどんなささいなことでも、必ずよいところが見つかるものです。

仲よしの家族が集まってピクニックをしていました。小学校高学年の子どもたちは、元気にバドミントンをしています。十二歳のライアンは、五歳の妹にラケットを持たせ、ゲームに加えてあげました。妹は、お兄ちゃんやお姉ちゃんの仲間入りができて大喜びです。

子どもたちがソーダを飲みに休憩に入ったとき、ライアンのお母さんは、そっと息子に言いました。

「妹を仲間に入れてあげて、ライアンはほんとうにいいお兄ちゃんね」

ライアンは、肩をすぼめると、ほかの子どもたちと走っていきました。でも、その顔には、はにかんだような微笑みが浮かびました。自分が妹にやさしくしたのを、お母さんはちゃんと見ていてくれたのです。

このように、子どものちょっとした行いを誉めてあげることで、子どもは、自分が認められたのだと嬉しく感じます。そして、ますます長所を伸ばすことができるようになるのです。

55 嘘でもかまわない

「ジョーがぼくの車を取った！」

目に涙を浮かべてフレデリックは叫びました。ブリキのレッカー車を持ち上げて、弟のジョーの手が届かないようにしています。

「だって、ジョーはまだ小さいから。怪我しちゃうもん」

レッカー車はブリキでできています。実際、小さい子向きではありません。お母さんは言いました。

「弟のことを考えてあげて、偉いわね。ほかにジョーの遊べるものはないかしら。それを貸してあげたら？」

フレデリックは、大きな木のトラックを持ってきて、「はい、これ」と、ジョーに渡しました。ジョーは微笑み、トラックで遊び始めました。フレデリックは、弟思いのお兄ちゃんになれたことで嬉しそうです。

フレデリックの言ったことは、もしかしたら嘘だったのかもしれません。ジョーにレッカー車を貸したくなかっただけだったのかもしれません。けれど、そうであってもかまわないのです。大切なことは、フレデリックが、弟思いのお兄ちゃんとして扱われたことなのです。

子どもを信じ、その長所が伸びるようにすれば、子どもは親の期待に応え、ほんとうに親の願うようなよい子に育っていくものなのです。

56 勝つことがすべてではない

九歳のロビーは、リトルリーグに入っていました。あまり上手ではありませんが、野球が大好きですし、体を鍛えることで心も鍛えられています。ロビーはいつもベストを尽くし、自分なりに成果を上げているのです。

けれども、あるとき、ロビーは試合に集中できなくなってしまいました。ロビーのお母さんが観客席とグラウンドの境を示すラインぎりぎりに立って、「勝て、勝て！」と叫んでいるのです。バッターボックスに入るときや、守備についているロビーのほうに球が飛んできたときには、お母さんの叫び声はひときわ高くなります。でも、お母さんが夢中になればなるほど、ロビーはへまをしてしまいます。

試合はロビーのチームの負けでした。お母さんは言いました。

「いいのよ。一生懸命やったんだから」

でも、ロビーには、お母さんはほんとうはそうは思っていないことがよくわかりました。

ロビーは、お母さんに、心から「頑張ったわね」と言ってほしかったでしょう。ロビーは、野球が大好きなのです。それだけでなく、スポーツマンシップやチームワークを学んでいるのです。試合に勝つことがすべてではありません。親はあくまでも、子どもの夢を支えてあげる存在でありたいものです。

57 ただ誉めるだけでは足りないときがある

四歳のジョシュアは、床に寝転がって絵を描いていました。お母さんは、テーブルでコーヒーを飲んでいます。

「ほら、見て」

「まあ、よく描けてるわ。どんな絵になるのかしら?」

ジョシュアは、何も答えずに、紙とクレヨンを持ってお母さんにすり寄ってきました。

「お膝に座ってもいい?」

お母さんはジョシュアを膝に乗せ、テーブルの上のコーヒーカップを脇に移してお絵描きのスペースをつくってあげました。

ジョシュアには、ただ絵を誉めてもらうだけでは足りませんでした。お母さんの膝に乗って甘えたかったのです。

親とのスキンシップがたくさん必要な子もいれば、そうでない子もいます。手をつないだり、抱きしめてもらったりしないと落ち着かない子もいれば、遠くから手を振るだけで満足する子もいるのです。

その子がどんなタイプかによって、わたしたち親は接し方を変えなくてはなりません。言葉で誉めてもらうだけでは足りない子には、十分なスキンシップをしてあげましょう。

愛してあげれば、
子どもは、人を愛することを学ぶ

58 子どもは常に親の愛を必要としている

子どもは生まれた瞬間から、いえ、胎内にいるときから、すでに親の愛を必要としています。赤ちゃんは、親の愛情がなければ生きていけません。親の胸に抱かれ、あたたかい眼差しを注がれて、子どもは育っていくのです。

どんなに大きくなっても、子どもは常に親の愛を必要としています。親は、そんな子どもに、愛しているということを態度で示してあげましょう。子どもを愛するということは、その子を丸ごと受け入れるということなのです。

愛が必要なのは、もちろん子どもだけではありません。愛は、人間の根源的な欲求であり、わたしたちは大人になってからも、人のぬくもりや心の触れ合いを求めつづけます。わたしたち人間は皆、自分をあたたかく受け入れてくれる誰かを必要としているのです。

愛情は、言葉や態度に表れます。子どもはそれを敏感に感じ取るものです。口先だけで「愛している」と言ってもだめなのです。わたしは、子育て教室で、親御さんたちに、愛は三つの柱で支えられているのだとお話しします。認め、信じ、思いやる。この三つです。

欠点も含めた全存在を受け入れ、愛してくれる親というものが、子どもにはぜひとも必要なのです。子どもは、そのように愛されることによって、人を愛することを学ぶのです。

59 愛情に条件をつけてはいけない

言いつけを守らなかったり、いい成績を取らなかったりしたら親に愛してもらえないと感じる子がいたとしたら、それはとても不幸なことです。愛は、何かの報酬として与えられるものではありません。「これをすれば愛してあげる」と、愛情に条件をつけるのは、ほんとうの愛とは呼べないのです。

子どもを無条件に愛したら、子どもは怠け者になってしまうのではないかと心配する親御さんがいます。しかし、そんなことはありません。親の愛とは、子どもの人生の土台なのです。何かと引き替えに、子どもが努力して手に入れるようなものではありません。

もちろん、子どもを無条件に愛することと、子どもを甘やかすこととは違います。子どものすべてを受け入れながらも、悪いことは悪いと躾けることが必要なのはいうまでもありません。

「受け入れる」という言葉の英語の元々の意味は「自分のほうへ引き寄せる」というものです。親が子どもを受け入れるのは、まさに「自分のほうへ引き寄せる」行為なのです。

親は、子どもに微笑みかけ、抱き寄せ、頬ずりし、口づけします。幸福な子ども時代は、このような親とのあたたかい触れ合いに満ちているものです。

60 抱きしめ、やさしく触れる

子どもを抱きしめたり、やさしく体に触れたりするスキンシップは、大切な愛情表現の一つです。人と触れ合いたいと思うのは、人間の自然な欲求です。それは赤ちゃんから老人まで変わりません。

実際、最近の研究でも、触れることには癒しの作用があることが判明しています。愛情のこもった手で触れてもらうと、わたしたちの体は、治癒能力を高めるのです。

親とのあたたかい触れ合いが子どもに必要なことは言うまでもありません。お父さんやお母さんの腕に抱かれれば、悲しみは癒され、擦り傷の痛みも消えてしまいます。ちょっと抱き寄せてもらうだけでも全然違うのです。

やさしい言葉だけでなく、体の触れ合いをとおして、子どもは、親が自分を愛していることを感じるのです。できるだけ多く、子どもを抱きしめ、やさしく触れてください。子どもには、そんな親の愛がぜひとも必要なのです。

61　子どもを抱きしめると、親も癒される

自分の両親は冷淡だった、やさしく抱き寄せてもらった記憶などない。そうわたしに打ち明けたお母さんがいました。このお母さんのご両親は、子どもを愛してはいても、その愛情をうまく表現できなかっただけなのかもしれません。

ですが、親子関係のパターンは繰り返されるものです。このお母さん自身も、子どもにうまく愛情を表現できないと悩んでいました。

このお母さんは、自分の娘には十分に愛情を示したいと思いました。そこで、わたしに打ち明けた後は、できるだけ娘を抱き寄せるように

し、本を読んでいるときや遊んでいるときも、なるべく体に触れるようにしました。

そうしてみると、スキンシップの機会は、毎日、驚くほどあることに気づきました。自分が親にそうされなかったので、いままで気づかなかっただけだったのです。

親自身も子どもとの触れ合いによって、心がほぐれ、安定します。

「スキンシップは、親にとっても、いいものなんですね」と、このお母さんは言っていました。

62 夫婦仲は子どもの手本

両親がどんな夫婦であるかは、カップルのあり方の手本として、子どもに影響します。子どもは、両親の姿から、結婚生活とはどのようなものであるかを学びます。そして将来、自分の結婚生活の手本とするのです。善かれ悪しかれ、子どもがどのような相手を配偶者として選び、どのような夫婦関係を築いていくかを左右するのです。

夫婦仲の万能薬はありません。だからこそ、わたしたち親は、できるだけよい手本でありたいと思います。

よい夫婦とは、双方の愛情のバランスのとれたカップルです。相手の長所も短所も認め合っている、やさしさと思いやりに満ちた夫婦です。

子どもは、両親のよい面も悪い面も見ています。お母さんとお父さんは夫婦として、互いに相手を尊敬し、支え合っているでしょうか。自他の違いを認めながらも、共通の価値観と愛情によって結びついているでしょうか。そんな御夫婦であれば、子どもにとって、未来の幸福な結婚生活の手本となることができるはずです。

認めてあげれば、
子どもは、自分が好きになる

63 長所はささいな行動に隠れている

わたしたち親は、子育てのあらゆる場面で、子どもにわたしたち自身の価値観を教えています。子どもは、自分が何をしたら誉められ、何をしたら叱られるかという体験をとおして、親は何をよしとし、何を悪いと考えているかを学ぶのです。

親が忙しすぎたり、子どもに無関心だったりすると、せっかくの子どもの長所に気づかず、優れた部分を伸ばすことができなくなってしまいます。子どもの長所が光るのは、日々の暮らしのほんのささいな出来事をとおしてです。それを見逃さないでほしいのです。

ある日曜の午後、お父さんが外出から帰ると、七歳のスティーブが玄関に出迎えました。そして、人差し指で「シーッ」という仕草をし、「ママがお昼寝してるから」と、知らせました。

「そうか。ママは疲れてるんだね。教えてくれて、ありがとう。いい子だね」。お父さんは、スティーブを抱き寄せて言いました。

こんなふうに子どもを一言誉めることが大切なのです。こんなときの親のちょっとした言葉や仕草を子どもは覚えているものです。

子どもの見せる一見ささいな行動を、親御さんは見逃さないでほしいのです。もちろん、忙しくてそれどころではないときもあるでしょう。しかし、子どもに注目することはとても大切なことなのです。

64 親に誉められることで子どもは自分の長所に気づく

七歳のアマンダは、ビーズでブレスレットを作れるようになりました。友だちがみんなブレスレットを欲しがったので、アマンダは、一人ひとりに合う色を選んで作ってあげました。

こんなアマンダを、お母さんはどんなふうに誉めたでしょうか。

「すごいわね。こんなきれいなブレスレットが作れるなんて」と、センスのよさを誉めたかもしれません。

あるいは、「こんなによくできているんだから、お店で売れるわね」と、ブレスレットの商品価値を誉めることもできるでしょう。

けれど、このお母さんは、「一つずつ、お友だちに合わせて作ってあげるなんて、やさしいわね」と、アマンダの友だち思いを誉めました。お母さんは、アマンダの思いやりの心に気づき、そこを誉めたのです。こんなお母さんのおかげで、アマンダは、自分にはそんないいところがあったのだと気づくことができました。そして、人にやさしくすることの大切さを学んだのです。

お子さんのどんな面を誉めたいと思うかは、もちろん、親御さんによって違うことでしょう。しかし、子どものどこを誉めるかによって、子どもの人格と価値観の形成に大きな影響を及ぼすことになるということを忘れないでください。

65 規律と約束を守る習慣

家庭内の規律や家族の約束をきちんと守る習慣がついていれば、子どもは集団生活の場でも、より順応性を示します。ルールや約束事というのは、人々の行動をスムーズにし、ときには身の安全のために欠かせないものです。相手の同意がなければ、物事はうまくはいかないのです。わたしたちの社会生活においては、規律や約束を守ることはぜひとも必要なことです。それを家庭で、日頃から子どもに教えていきたいと思います。

ある土曜の午後、十一歳のマリアンヌは、友だちに映画に誘われました。でも、この一週間、マリアンヌは部屋を散らかし放題で、自分の部屋は自分で片づけるという約束を守っていませんでした。それでも、マリアンヌは今日どうしても友だちと映画に行きたいのです。

お母さんは、マリアンヌと話し合い、こう決めました。今回は映画に行ってもいい。けれど、その前に、いまから十五分間でとりあえず部屋の片づけを始める。そして映画から帰ってきたら、残りをする。

約束事はきちんと守る。幼いころから身につけたこのような習慣は、子どもが難しい思春期に入ってからはとくにものを言います。子どもと無理のない約束をし、きちんと守らせてください。

66 モラルを教えることの大切さ

子どもは、親に自分のどのような面が認められ、どのような面が認められないかという経験をとおして、親が何をよしとし、何を悪いと考えているかを学びます。つまり、親の価値判断の基準を学ぶのです。はっきり言葉で言わなくても、子どもは親の考えを察します。

だからといって、子どもがいつも親の価値観に従うかといえば、そんなことはありません。子どもは成長するにつれ、自分なりのモラルや価値観を持つようになります。親は、そんな子どもなりのモラルや価値観を尊重するよう心がけたいものです。子どもが自分なりに真剣に考え、人に対して誠実であろうとしているのなら、子どものやり方を認めるべきだと思うのです。たとえ親として多少の不満があったとしても、子どもが自分で判断できたことを喜んであげたいものです。

子どもが十代になると、生活の中心は友だちに移ります。親は四六時中、子どもを監視できるわけではありませんし、無理に言うことをきかせることもできません。だからこそ親は、子どもに対して日頃から、何が正しく何が間違っているか、きっぱりした態度を取らなくてはならないのです。なぜなら、親から教えられたモラルの基盤がなければ、子どもは、十代になっても、自分自身で正邪の判断を下すことができなくなってしまうからです。この意味でも、親自身の日頃の生活態度はとても大切です。

67 自尊心のある子に育てる

十二歳のブルースは、近所の食料品店によく買物に行きます。実は、近所の子どもたちは、時々この店で万引きをしていました。のん気な店員さんが店番をしているときは、絶好のチャンスだったのです。

ある日、その店へお母さんのお使いに行ったブルースは、どうしてもお菓子がほしくなりました。あのぼうっとしている店員さんだけだ……。ほかの子は、万引きしている……。あのお菓子、ほしい……。

けれど、ブルースは、万引きをしませんでした。

ブルースが万引きをしなかったのは、親に叱られるからではありませんでした。万引きをするなんて、そんな自分を許せなかったのです。

ブルースには、自分を信じる心（自尊心）が健全に育っていました。だから、万引きの誘惑に負けることはなかったのです。

子どもが悪い誘惑に打ち勝つことができるのは、親に叱られるからではありません。自分の自尊心が許せないことはできないからです。子どもの自尊心を育てることの大切さは、ここにもあります。自尊心がある子どもは、自分が好きであるという肯定的な自己像を持っているだけではなく、自分にはそんな悪いことはできないという誇りがあるのです。自尊心の有無は道徳律にかかわることでもあるのです。

見つめてあげれば、子どもは、頑張り屋になる

68 子どもは日々成長している

お父さんやお母さんは、子どもの成長を、一番身近で、毎日目にしています。にもかかわらず（むしろ、だからこそ）、子どもの成長のひとこまひとこまに目をとめることなく過ごしてしまうことがあるのです。ときには立ち止まって、子どもの姿を見つめてください。もう一度、改めてあなたのお子さんを見てください。子どもは日々成長しています。一日として同じではありません。

ある秋の夕暮れ時のことです。公園を散歩していた四歳のエリザベスは、お母さんの袖を引っぱって言いました。

「あっちに行って、大きな葉っぱを拾ってもいい?」

「もうたくさん拾ったじゃない。あそこの葉っぱは濡れているわ」

「だって、エリザベスのコレクションには、いるんだもの」

お母さんは、驚いて娘の顔を見ました。落葉を拾っているのには気づいていました。でも、落葉を「集めて」いたなんて思ってもみなかったのです。それに、「コレクション」という言葉の意味を知っていたことにも驚きました。

お母さんは立ち止まり、エリザベスの小さな手の中の落葉をしげしげと見つめました。そして、樫《かし》の木のほうへ走っていくエリザベスの後ろ姿を目を細めて見送りました。二人は、それから、集めた葉の色と大きさや木の名前について楽しくおしゃべりをしながら家路につきました。

69 やり遂げたことを喜ぶ

「旅は、その第一歩を踏み出すことが大事」という英語の諺《ことわざ》がありま す。子どもが目標を決めて頑張っているときには、まさにこの諺が当てはまります。子どもが踏み出した第一歩に気づき、評価してほしいと思います。

五歳のジャクリーンは、お父さんとお母さんのためにベッドメーキングをして、びっくりさせたいと思いました。ベッドの周りを行ったり来たり、なんとか上手にできあがりました。

お母さんとお父さんが「よくできた。助かった」とお礼を言うと、ジヤクリーンは嬉しそうに飛び跳ねながら部屋を出ていきました。そこでお父さんは、ベッドカバーの皺《しわ》を伸ばそうとしました。

「触っちゃだめ！」

お母さんは、笑いながら止めました。

「せっかくジャクリーンがやったんだから、そのままにしておかなくちゃ。あの子のためにね」

お父さんも気がつきました。ベッドの皺を伸ばすことよりも、娘がやり遂げたことを喜ぶほうがずっと大切なのです。

70 子どもに準備させるよう導く

エリザベスとクララは十二歳の双子。二人ともフィールドホッケーの合宿に行くことになっていました。二週間にわたるハードな合宿です。合宿にそなえ、クララは一カ月前から毎朝トレーニングを始めて、五キロも走れるようになりました。一方、エリザベスは、実際に合宿に行けばなんとかなると高を括《くく》って何もしませんでした。

お母さんは、そんなエリザベスが心配でした。でも、エリザベスは、親に何か言われるのが嫌いな性格です。それで、お母さんは、うるさいことは言わず、代わりに合宿についていろいろ尋ねてみました。エリザベスの自覚を促そうとしたのです。

「一日に何時間フィールドホッケーをするの？」

「コーチからは、合宿のためにどんな準備をしておきなさいって言われてるの？」

お母さんと話をしているうちに、エリザベスは、準備の練習を始めなくてはという気持ちになりました。

お母さんは、「トレーニングしなさい」とは言いませんでした。高圧的な態度も取りませんでした。エリザベスが自分から準備をしなければと思うように導いたのです。

71 お小遣いをもらって気づくこと

お小遣いをもらって、子どもは初めて気づくことがあります。それは、物の値段や貯金の大切さといった「お金の価値」です。

子どもは、お小遣いをもらうことによって、お金の使い方を自分で考えるようになるのです。

たとえば、お菓子を買いたいところを、じっと我慢して少しずつ貯めていけば、いつかコンピュータゲームやお人形や自転車など、もっと高価でほんとうに欲しいものが買えるようになる……そんなことがわかるようになります。

また、欲しいものを自分で選んで買うようになり、自立心も育ちます。たとえば、テレビゲームが欲しいけれど、親には買ってもらえないとしたら、子どもはどうするでしょうか。お金を貯めることを学んだ子どもならば、きっとお小遣いを貯めて買うに違いありません。

どのようにお小遣いを与えるかは、家庭によってさまざまでしょう。わたし自身は、お小遣いは、食事の後片づけや掃除など、家庭生活の基本的な仕事に対する見返りとして与えるべきではないと考えています。こういう仕事は、家族の一員として当然協力すべき事柄だからです。

わたしは、お小遣いとは、子どもも家族の大切な一員として認めるという意味で、家の収入の一部を子どもに分け与えるものであると考えています。

72 足りない分は働いて

十二歳のサムは、スケートボードが買いたくて、冬の間ずっとお小遣いを貯めていました。両親は、スケートボードは贅沢品だと思っていたので、サムに自分で買わせることにしたのです。

ところが、四月になったいまも、まだ二十ドル足りません。サムはもう待ちきれません。そんなサムにお父さんは言いました。

「ずっとお小遣いを貯めて、えらかったね。足りない分は、アルバイトで稼いだらどうだい」

「でも、まだ、芝刈りには早いでしょう？」

サムは残念そうです。

「洗車にはもってこいの季節になってきたよ。冬の間の埃をきれいに洗ってあげたら、ご近所の人たちもきっと喜ぶんじゃないかな」

お父さんはいいことを言ってくれました。サムの表情はぱっと明るくなり、こう叫びました。

「そうだね。春が来たんだから、車もピカピカにしなくちゃね！」

サムは近所を回って、六台も車を洗いました。弟も助手に雇いました。

サムのお父さんは、サムがいままでお小遣いを貯めてきた努力を買いたいと思いました。そこで、足りない分を稼ぐというアイデアを出したのです。サムは、こうして、お金を貯める忍耐と、お金を稼ぐ喜びを学ぶことができました。

分かちあうことを教えれば、
子どもは、思いやりを学ぶ

73 分け与える

ほかの子と一緒に遊ぶことを覚えたばかりの幼児は、相手と横並びになって遊びます。相手がいることで楽しいと感じてはいるのですが、二人のあいだにあまり交流はありません。これを心理学者は「平行遊び」と呼んでいます。それが、だいたい二歳半ぐらいになると、ほんとうの意味で二人で遊ぶことができるようになります。これは、子どもが社会性を身につけ始めた大きな証拠です。この時点で、子どもは他人と何かを分かち合うことを学び始めるのです。

幼い子どもは、自分の欲求をその場ですぐに満たそうとしますが、これは、世界中の幼児に共通のことです。どうして自分の子どもだけがこうなんだ、と悩む必要はありません。親の役目は、わがままを言う子どもに、少しずつ、分かち合う心を教えていくことなのです。

分かち合う心は、なるべく身近なものを使って教えるといいでしょう。子どもがよちよち歩きを始めたころから、何かを分け与えてみせるのです。たとえば、「人参をみんなで分けましょうね。これが、あなたの分。これは、お母さんの分」。あるいは、「お母さんにクッキー一つ、お父さんにも一つ。あなたにも、はい、一つ」。こんなふうに教えるのもいいでしょう。もう少し大きくなった子どもは、このような初歩的な分配を卒業します。自分が取る前に人に配ってあげたり、順番を待ったりできるようになるのです。

74　大きくなってからでは遅い

わたしたち親が子どものためにできる一番のことは、子どものそばにいてあげることです。一緒にいてあげることが、子どもにはとても大事なことなのです。けれども、わたしたちはついつい日々の忙しさに追われてしまいます。仕事や家事や育児の狭間で、「ああ、時間がない」と嘆くものです。シングルペアレント（片親）の場合の忙しさは、もっと深刻です。

「いまは仕事が忙しいからしかたない。仕事が一段落したら、家族と過ごす時間をつくるようにしよう」

そんなふうに自分をごまかすことはできます。しかし、子どもをごまかすことはできません。「親はなくとも子は育つ」というのは、ある意味で真実です。たとえば、子どもが大きくなってから、親が、「さあ時間ができた」と子どもに向かい合おうとしても、子どもは、もうそんな親を必要とはしなくなっているものです。子どものために時間をつくるなら、子どもが小さいころからそうしなくてはならないのです。これは、決して簡単なことではありません。

わたしたちは、経済的な理由や出世競争へのプレッシャーから、ついつい仕事を優先させてしまいます。けれど、子どもはあっという間に大きくなります。一日一日と先のばしにしていたら、手遅れになってしまうのです。

75 成長に合わせて生活を変える

親のほうは、自分は十分に子どもと過ごしていると思っていても、子どものほうはそう感じていない場合もあります。

フランクのお母さんは、教会の児童グループのボランティア活動をしていました。フランクもこのグループに入っていて、熱心なお母さんが自慢でした。

けれど、フランクがフットボールクラブに入ってから、お母さんへの不満がつのるようになりました。試合を見に来てほしいのに、相変わらず教会の活動に行ってしまうのです。責任感の強いお母さんは、活動を辞められません。

「ビリーのお母さんだって見に来てたんだぜ」

フランクは沈んだ声で言いました。

「補欠なのに……」

フランクは、いまの自分をお母さんに見てほしいのです。

わたしたちに与えられた時間とエネルギーはかぎられています。そして子どもは日々成長しています。そんな子どもに合わせて、親もライフスタイルを変えていかなくてはなりません。その時期の子どもの生活に合わせられる柔軟性が必要です。

子どもと歩調を合わせ、子どもが小さいときだけでなく、大きくなってからも、見守ってあげたいと思うのです。

76 困っている人を助ける

困っている人の役に立ちたいと思えるようになれば、それは子どもが、分かち合いの心をずいぶん学んだということです。

子どもには、学校や教会が主催するサンクスギビング（感謝祭）やクリスマスのバザーに参加する機会があります。困っている子どもたちに、自分のおもちゃや衣類を寄付することの意味がわかると、子どもは、喜んでバザーに参加します。こういう機会を活用して、分かち合いの心を教えたいものです。

子どもが意欲を見せたら、親御さんは面倒がらずに、手を貸してあげてほしいのです。貧しい人々を助けるためにはどうしたらいいか、親に相談する子もいるでしょう。ボランティア活動をしたいと言い出す子、お金を寄付したいと言う子もいるでしょう。子どもには、大きなエネルギーがあるのです。

十一歳のある少年は、古い毛布を回収して売り、その収益でホームレスの人々に食べ物と上着を買うことにしました。大人も手助けをしましたが、このときの活動の中心的な担い手は、この少年でした。その後も、この少年は活動を続け、成人になってからは個人ボランティア活動の中心人物になりました。

77 与える喜び

家族が分かち合いの心を持っていれば、子どもは、与えることの大切さと喜びとを日々の暮らしのなかで学んでいきます。そして十代になるころには、親への感謝の気持ちを持つようになります。

十五歳のセーディのお母さんは、夜中まで単語の勉強を見てあげました。次の日の朝、セーディからの置き手紙がありました。

「お母さん、おそくまで勉強を見てくれてありがとう」

こんなときほど、子どもを持った幸福を感じるときはありません。いままでの苦労が報《むく》われる思いがします。与える心の大切さを、子どもは学んでくれたのです。これから先の人生でも、この子は、与える喜びをずっと学び続けることができるでしょう。

見返りを期待せず、愛情のしるしとして人に与えることのできる人――わが子がそんな人に育ってほしいと親は願います。時間やお金や労力を惜しまずに人を助けることのできる人。そんな人になってほしいと親なら願うのです。

分かち合う喜びに満ちた人生はすばらしいものです。そして、世の中もきっといまより、よくなることでしょう。

親が正直であれば、子どもは、正直であることの大切さを知る

78 あったことをありのままに伝えさせる

正直であるということは、つまり誠実であるということだと、わたしは思います。正直な人は、見たこと、聞いたことをありのままに伝えることができます。自分の都合や願望で現実を歪《ゆが》めたり、否定したりはしないのです。

まず子どもに教えてほしいことは、たとえ自分に都合の悪いことでも、事実をありのままに認識し、嘘をつかないことです。何が起こったのか、自分は何をしたのかを、ありのままに伝えさせるのです。事実と作り話との区別をはっきりさせなくてはなりません。相手の機嫌を取るために話を膨《ふく》らませたり、自分の都合のいいことだけを話したり、勝手に話をでっちあげたりしないように気を配りたいものです。

しかし、子どもが大きくなってからは、ほんとうのことを言わずにおく分別というものも教えていく必要があります。時と場合によっては、ほんとうのことを言わずにおいたほうがいいこともある。それを子どもに教えてください。

また、嘘をつくつもりではなくとも、人は、思い違いをして、事実とは異なったことを言ってしまうことがあるということも子どもに理解させましょう。

79 正直さを誉める

四歳のエイリーンとお母さんは、幼稚園のバザーに出すクッキーを焼きました。しばらくして、お母さんが家事をしていると、口の端にクッキーのかすをつけてエイリーンがやって来ました。「エイリーン、お口にかすがついてるわよ。クッキー、つまみ食いした?」。

エイリーンは首を横に振り、目を見開いて言いました。「してない」。

「ねえ、エイリーン、お母さんに、ほんとうのことを話してちょうだい。怒らないから、ほんとうのことを教えてちょうだい」

「うん……。一枚だけ……」。エイリーンは、爪をかみ始めました。

「一枚だけ？」

「ううん、ほんとは、二枚」

「ほんとうに、二枚？」

金髪のお下げを上下に揺らし、エイリーンは大きく頷きました。

「そう。正直に言ってくれて、嬉しいわ。ほんとうのことを言うのは、とても大切なことだから。でもね、あのクッキーはバザーのために焼いたのよ。だから、食べたかったら、今度からは、お母さんにちゃんと聞かなくちゃいけないのよ。いいわね」

もしお母さんが頭ごなしに叱りつけていたらどうでしょう。エイリーンは、今度からはもっと上手に嘘をつこうと思ったに違いありません。次からは、ばれないようにつまみ食いしようとも思ったかもしれません。

80 嘘と思いやりの違い

ある日、七歳のフランはお母さんにこう訴えました。「お母さんって、嘘つきよ。アンおばさんには、ご飯おいしかったって言ったのに、家に帰ってから、お父さんには、全然おいしくなかったって言ったじゃない」。

「そうね。そうだったわね」。お母さんは答えました。

「でも、それは、アンおばさんがせっかく作ってくれたお料理だったからなのよ。ほんとうのことを言うよりも、アンおばさんの気持ちを考えることのほうが、大切だと思ったからよ」

フランは、しばらく考えていましたが、「じゃ、嘘をついてもいいってこと?」。腑《ふ》に落ちない顔をしています。

「ねえ、フラン、もし、お友だちのアンドレアが新しいお洋服を見せにきて、フランはそれがちっともいいとは思わなかったらどうする? フランの嫌いな色だったとしたら、それをアンドレアに言う?」

「そんなこと言ったら、アンドレアがかわいそうよ。……わかった! そのお洋服のいいところを見つけて、それを誉めてあげる!」

「そうね。アンドレアが大好きな服なんだから、その気持ちを考えてあげなくちゃ。それにね、みんながみんな同じものが好きってわけじゃないのよ。フランが嫌いな色でも、アンドレアは好きかもしれないのよ」

フランは、人はそれぞれ好みやものの見方が違う、ということも学ぶことができました。

81 嘘をつかない親から子どもは学ぶ

嘘をつかないことの大切さを、子どもは直接親の姿から学びます。親が何を言い、どんなことをするか、子どもはいつも見ているのです。

レストランでランチを食べ終わった九歳のアリシアとお父さんが、釣銭を多くもらったことに気づいたのは、駐車場に出てからでした。

「アリシア、ちょっと待って。お釣りが間違っているよ」

お父さんは、手のひらのお金を見せながら言いました。二人で暗算してみると、五ドルも多くもらっていました。

「行って、返してこよう」。お父さんは言いました。

アリシアは、ちょっとがっかりでした。五ドルも得しちゃったのに……。でも、お父さんの言うとおりです。レジの人はとても喜びました。この釣銭のミスは、自分が弁償することになっていただろうと言いました。店長が、このやりとりを脇で聞いていました。そして、感謝の気持ちを込めて、お父さんに割引券をくれました。店を出たアリシアとお父さんは、とてもいい気分でした。

「アリシア、お金を返して、やっぱりよかっただろう?」

「結局、得したもんね」。アリシアは答えました。

「損得は関係ないんだよ。でもね、嘘をつかずにほんとうのことを言えば、思ってもみなかったようないいことがあるものなんだよ」

82 自分の思春期を思い出してみる

思春期に入った子どもは、親や家族とは別個の一人の人間として、「自分とは何者なのか」と問い始めます。この時期ほど、親と子の関係が問われるときはありません。子どもは、何よりも親の支えを必要としています。親に悩みを聞いてもらい、一緒に真剣に考えてほしいと思っているのです。

親は、性について、体の変化について、欲望について、子どもと真正面から語り合う覚悟が必要です。わたしたち自身の思春期のころを思い出してみましょう。自分の親がどんな性教育をしてくれたか、あるいはしてくれなかったかを夫婦で話し合ってみるのもいいのではないでしょうか。親にあのときこんなふうに教えてもらっていたらよかったのに、と思うことはないでしょうか。また、当時、友だちからどんなことを聞いたでしょうか。それを聞かされてどんな気持ちになったのかも思い出してみてください。自分の体験を思い出してみると、わが子に何をどう教えたらいいかが、おぼろげながらもわかってくるはずです。

子どもに正しい性教育を与えることは、親の義務なのです。子どもを初めて幼稚園に、そして小学校に送り出した日と同じように、子どもを大人の世界へ送り出すのです。もちろん、一番大切なのは、子どもを思う気持ちです。子どもに安心感を与えることです。このことを忘れないでください。

子どもに公平であれば、
子どもは、正義感のある子に育つ

83　子どもの不満を聞く

七歳のサリーは、近所の子どもたちと遊んでいました。ところが、カン蹴りでズルがあったのです。サリーは、お母さんに訴えました。

こんなとき、親は「しょうがないわよ。そういうこともあるんだから」と、真剣に取り合わないことがあります。しかし、それでは子どもの怒りは収まりません。こんなときは、どんなズルがあり、どう感じたのかを聞き、子どもの気持ちを受け止めてあげましょう。そして、「どうすれば、そうならなかったと思う？」「今度からは、どうすればいいと思う？」こんなふうに問いかけ、子どもを導いてください。

家庭内でトラブルがあったときも同様です。子どもの不満や怒りを聞き、互いの考えや要望についてきちんと話し合うことが大切です。子どもには子どもなりの言い分が必ずあるものなのですから。

親は公平に接していると思っていても、子どもからすればそうは見えないこともあります。それも一理あるのです。大切なことは、誤解がないように子どもに気持ちを伝えることです。柔軟な態度で接するように心がけてください。

子どもの話をきちんと聞き、子どもの意見を尊重すること。このことが、とりもなおさず、子どもに公平であるということになるのです。

84 家庭では競争させない

「わたしは、自分の子どもたちには皆同じように接しています」

こんな親御さんの話を聞くたびに、わたしは、そんなはずはないと思ってしまいます。そんなことは不可能ですし、もし仮にできたとしても、それが望ましいとも思えません。

子どもは一人ひとり違った個性を持ち、性格も違います。ですから、その子に合った接し方をすることが大切なのです。その子の年齢や性格に合わせ、また、その子が何を望み、どんな状態であるのかということを考えて、それぞれの子どもに合った接し方をすべきなのです。

親がどんなに気をつけていても、兄弟姉妹のあいだには、とかくライバル意識が生まれやすいものです。親がどの子に関心を示し、手間隙《てまひま》をかけているかに、子どもはとても敏感です。兄弟姉妹が張り合うことはよくありますし、親もつい比べてしまいます。これらは、ある程度しかたのないことともいえます。けれど、親は、自分では気づかぬうちに、子どもを追い詰めていることがあるのです。たとえば、どっちが早くお手伝いをすませるか、宿題をやるかを競争させたりすることはありませんか。

どっちが早いか、どっちが勝ったかという考え方は、家庭の場に持ち込むべきではないと、わたしは考えています。家庭とは、競争原理で動く場であってはならないからです。ほかの子と比べてではなく、その子自身のよさを認めてあげる。家庭ではそれが何よりも大切なのです。

85 二人きりで出かける

兄弟姉妹のあいだでの不公平感を解消するために、子どもと親が二人きりになれる時間をつくるのも名案です。

わたしの知り合いのある親御さんには、四歳と六歳と八歳の三人の男の子がいます。それで、喫茶店でモーニングを食べるなど、簡単な食事を順番に一人ずつ外でするようにしているのです。ふだん家では聞けないようなことを、子どもはこんなときなら話してくれます。学校のこと、友だちのこと、兄弟のことなど。子どもは親と二人きりなら何でも話せるのです。

こんな習慣をつけていれば、子どもが十代という難しい年代に入ってからも、うまくコミュニケーションがとれるはずです。子どもは、親が自分のために時間をとってくれる、自分は大切にされていると感じるのです。これはとても大事なことです。もちろん、必ずしも外食をする必要はありません。家から離れるということがポイントなのです。二人で散歩をしたり、博物館に行ったり、公園でボートに乗ったりするのもいいでしょう。

大切なのは、親が自分だけのために時間をつくってくれている、自分のことだけを見てくれていると、子どもが感じることなのです。

86 勇気ある行動

ある朝のことです。学校に向かっていた十歳のマイケルは、学校の駐車場の隅で同じクラスの男の子たちが、一人の男の子を取り囲んでいるのを目にしました。みんなでいじめているのです。

マイケルは、どうしよう、と迷いました。でも、意を決して、男の子たちのほうへ行き、いじめられている子を呼びました。

「トム、早くしないと学校に遅れちゃうよ」

トムを囲んでいたいじめっ子たちは、驚いて一斉に振り返りました。そのすきに、二人は校門のほうへ駆けていくことができました。

ほんとうはマイケルは怖かったのです。ただ声をかけるだけであれ、一人で大勢に向かうのは勇気のいることです。見て見ぬふりをすることもできたでしょう。

ところで、マイケルは、このことを親に話すでしょうか。わたしはきっと誰にも話さないと思います。子どもは、外であったことをすべて親に話すわけではありません。けれども、もしマイケルの両親がこれを知ったら、とても誇らしく思うことでしょう。こんな勇気のあるやさしい子に育ってくれたことを。

間違ったことが起こったら、きちんとそれを解決する習慣が、日頃から家庭で身についているでしょうか。そんな家庭で育っていれば、子どもは、外の世界でも同じように行動することができるのです。

87 寄付の大切さを教える

十三歳のステラは、ある晩、両親とテレビでニュース特集を見ていて、ひどくショックを受けました。劣悪な労働条件に苦しむ外国人季節労働者の姿に心を痛めたのです。

「あんな暮らしをしているなんて、ひどすぎる。なんとかならないの？」。ステラは真剣です。お母さんは言いました。

「ステラにも何かできることがあるんじゃないかしら？」

「うん……。でも、あの人たち、遠くに住んでるし……」

「労働者を支援する団体があると思うよ」。お父さんが声を上げました。

「ホームレスの人や飢えている人の支援団体があるようにね。赤十字のことはステラも知っているだろう。外国人季節労働者を支援する団体もきっとあるよ。ステラ、団体に寄付をしたらどうだい？」

「寄付って、わたしのお小遣いをってこと？」

「ああ。困っている人たちを助けたかったら、自分のことは我慢しなくちゃならないんだよ」

しばらく考えてからステラは言いました。

「お小遣い一週間分、寄付する」

両親の協力を得て、ステラは微力ながらも自分なりに世の中のために何かしようと思うことができました。自分一人が何をしても、どうせ世の中は変わらないと諦めたりはしなかったのです。

88　正義感を育てる

学校生活や友だちとの関係で不正が行われていると感じたとき、怯《ひる》まずに抗議できる子。わが子はそんな子どもに育ってほしいものです。

家庭で日頃から自分の訴えを聞き入れられていれば、子どもは外でも自分の言い分をきちんと伝えようとします。不公平なことが起こったら、きちんとそれを解決する習慣が家庭で身についていれば、子どもは外の世界でも同じように行動することができるのです。

子どもの正義感を育てるというと、何か大それたことのように聞こえるかもしれません。しかし、正義感は、何気ない日々の暮らしのなかで培《つちか》われるものです。親が、子どもを一人の人間として認め、公平であろうと努めていれば、子どもはその親の姿から学ぶはずです。

やがて、子どもは巣立ち、広い社会で独り立ちするときがやってきます。そのとき、どこまで世の不正を憎み、正義を貫くことのできる人間になれるか、それは、決してたやすいことではありません。しかし、勇気をもって正義を貫くことは、人間としてきわめて大切な使命だとわたしは思うのです。

やさしく、
思いやりをもって育てれば、
子どもは、やさしい子に育つ

89 人を気づかう

人への親切を子どもに教える機会は、日常生活のあらゆる場面で訪れます。

先日、近所のスーパーでこんな場面を目にしました。四歳と八歳ぐらいの兄弟とお母さんが、キャットフードをカートに積み入れていました。そのとき、一人のお年寄りが財布を落とし、中身が床に散らばりました。お兄ちゃんはすぐに気づき、お年寄りに手を貸しました。弟のほうは、そのままキャットフードの缶をカートに入れていました。お母さんは、さり気なく弟の手を押さえ、お兄ちゃんとお年寄りのほうへ顔を向けました。その子は二人に気づき、お金を拾うのを手伝い始めました。

このお母さんは、こんなふうにさり気なく弟を導いたのです。やさしい気持ちは、遊びをとおして教えることもできます。

お母さんは、四歳のケニーが大事にしているテディベアを布団に入れながら、トントンとやさしく叩いて言いました。

「さあ、テディちゃんは、これでぐっすりおねんねができるわよ」

ケニーもテディベアの毛布を掛けなおしながら言いました。

「テディ、おやすみ」

お母さんは、「弟」のテディベアにやさしくすることを、遊びをとおして教えたのです。

90 相手の気持ちを考えさせる

七歳のジェニーとマリアは、さっきまでボードゲームで楽しく遊んでいました。ところが、ルールのことで喧嘩になり、マリアは急に帰ってしまいました。

「マリアって、変な人なの。負けるのがいやで、帰っちゃったの」

ジェニーは、ルールをめぐって喧嘩になったこと、マリアが悪いのだということを訴えました。

「そう、そんなことがあったの……」

お母さんは言いました。

「マリアはいま、どんな気持ちでいるかしら」

「え？　何が？」

ジェニーは少し驚いたようです。そして、少し考えてから言いました。「あたし、マリアに電話する」。

ジェニーはマリアと話し、二人とも悪かったということで、仲直りしました。二人は、また同じようなことが起こったら、次からはその場できちんと話し合って仲直りできることでしょう。

子どもは、一人ではなかなか思いやりの大切さを学べません。親が導かなくてはならないのです。思いやりの心は、子ども時代に学ばせなければなりません。大人になってからではとても苦労してしまうことでしょう。

91 思いやりは、まず親から

子どもに思いやりの心を教えるときには、親は言い方に気をつけたいものです。

たとえば「ほら、そこのお兄ちゃんの絵の具入れ。その開けっぱなしになってるやつ。蓋《ふた》をして」と言うのではなく、「お兄ちゃんの絵の具入れが開けっぱなしだわ。絵の具が乾いちゃうから、蓋をしてちょうだい。だめになったら、お兄ちゃんががっかりするでしょう」。こんなふうに言ってください。そうすれば、子どもは、人の気持ちを考えるという習慣を学びやすくなります。それから、物を大切にする心も育ちます。

また、子どもが見せるやさしい仕草を見逃さずに、誉めることも大切です。

五歳のマシューは、妹が床におもちゃを落としてしまったのを拾ってあげました。

「ありがとう、マシュー。いい子だね」

お父さんは言いました。

マシューは、お父さんに誉められたので、自分のやったことはよいことなのだ、これからもそうしようと思いました。

92 物を大切にし、プライバシーを尊重する

親が日頃、物を大切にしているか、粗末に扱っているかは、子どもに影響します。服は床に脱ぎ散らかしたまま、工具は庭に出しっぱなし、ドアはバタンと閉める……これでは、子どもも同じことをするようになってしまいます。家の中の物は、たとえ日用品であっても、大切に扱うべきです。

また、子どもにも無断で使われたくない物があるということを、親は忘れてはなりません。

子どものプライバシーを守ることは大切です。子どもも幼いうちは、

身支度からお風呂まで親に助けられなければ何もできません。それが、成長するにしたがって自分でできるようになります。だんだん自分の身体への意識も強くなり、プライバシーが必要になってきます。たとえ親といえども、子どものプライバシーは守るべきです。また、子どもに、他人のプライバシーを守るように教えることも大切です。たとえば、人の部屋に入るときにはノックして待つといったようなことです。これは夫婦のプライバシーを守ることにも通じます。

思春期にさしかかった女の子には、とくにプライバシーが必要になります。もし、兄弟姉妹や親戚などが身体の変化をからかったりしたら、厳しく注意するべきです。この時期の女の子には、周囲のあたたかい理解が何よりも大切なのです。

93 返す言葉がない

子どもに大きな影響力を持つことの一つに、両親の夫婦仲が挙げられます。子どもはよく見ています。

八歳の双子のアンとエミリーは、一日中喧嘩をしていました。とうとうお母さんが痺《しび》れを切らして叫びました。

「もう、やめなさい。いいかげんにしなさい！」

アンとエミリーは、驚いてお母さんの顔を見上げました。そして、アンがこう言ったのです。

「でも、ママとパパだって、いつも喧嘩してるじゃない。どうして、あたしたちだけが怒られなくちゃならないの」

お母さんは、言葉を失いました。

子どもは、親の口調や仕草や表情をよく観察しているものです。喧嘩をしなければいい、という単純な問題ではありません。大切なのは、夫婦が日頃からどのように互いの不満を解消し、対立を解決しているか、そのコミュニケーションのとり方なのです。

たとえば、わたしたちは「ありがとう」「悪いね」「ごめんなさい」といったやさしい言葉を日頃から口にしているでしょうか。互いに助け合って暮らしているでしょうか。そんなお父さん、お母さんの姿を見て育てば、子どもは、それを手本にするのです。

守ってあげれば、
子どもは、強い子に育つ

94 子どもの味方になる

親子が強い信頼で結ばれていれば、子どもの心は安定し、自信が生まれます。たとえどんなことがあっても、親は自分の味方になってくれる。どんなときにも自分を守り、支えてくれる。そう思えれば、子どもは親を心から信じることができるのです。

先日、わたしは、あるピアノの発表会に招かれました。十歳の男の子が『胡桃《くるみ》割り人形』のなかの一曲を一生懸命弾いていました。でも、その子はあまり上手には弾けませんでした。舞台から降りると、お母さんに走り寄って、膝の上に乗ってしまいました。お母さんは、しばらくの間その子を抱きかかえていました。

お母さんの膝に乗るには、十歳の男の子は大きすぎました。それに、このお母さんは、実はとても教育熱心で、ピアノの練習にも厳しい人でした。それでも、男の子が膝の上に乗ってきたときには、お母さんはやさしく受け止めてあげました。

「たとえうまく弾けなくても、お母さんはおまえの味方よ」

このお母さんは、そう息子に伝えたかったのだと思います。

これは、とても大切なことです。たとえ失敗しても、上手にできなくても、親はいつでも子どもの味方だということを、子どもに教えてあげてほしいのです。

95 自信をつけさせる

子どもは、成長と共に少しずつ自信をつけていきます。幼い子どもが「自分でできるよ」と言ったときから、自信の芽は伸び始めているのです。子どもの試行錯誤を見守り、支えてほしいと思います。

五歳のニコルは、ある夜、ベッドにもぐり込むと、お母さんに言いました。「自転車の補助輪、外してもいい?」。

翌日、お母さんはニコルと一緒に補助輪を外しました。補助輪なしの自転車に乗るのは大変です。お母さんが支えの手を離すと、ニコルはよろけてしまいます。

その晩、ニコルは言いました。「また補助輪、つけてもいい?」。次の日の朝、もしかしたらうまくいくのではないかと思いながら、お母さんは、さり気なく尋ねました。

「補助輪をつける前に、もう一度、乗ってみる?」

「うん、乗ってみる」。お母さんがさり気なく言ってくれたので、ニコルも楽な気持ちで、やってみようと思いました。

うまくいきました。お母さんが手を離しても、走りつづけることができたのです。

ニコルが「また補助輪をつけてほしい」と言うのをお母さんは聞き入れました。そのうえで、もう一度トライさせてみたのです。ニコルにプレッシャーをかけることなく、さり気なくやる気にさせました。

和気あいあいとした家庭で育てば、
子どもは、
この世の中はいいところだと
思えるようになる

96 家庭は子どもが初めて出会う世界

子どもが初めて出会う世界は、家庭です。子どもは、家庭生活での両親の姿をとおして、価値観や生き方を学びます。むしろ親が意識していない言動から、子どもは影響を受けるのです。

このように、子どもが初めて出会う世界である家庭——それをわたしたち親は、どんな場所にしているでしょうか。子どもにやさしく語りかけているでしょうか。あるがままのその子を見ているでしょうか。無理に変えようとしてはいないでしょうか。子どもを信じ、いい子だと思っていますか。子どもの話に耳を傾けているでしょうか。

子どもを誉め、励まし、認めれば、家庭はあたたかな場となります。子どもが失敗しても許しましょう。頭ごなしに叱りつけたり、無理やり従わせたりしてはいけません。子どもを信じ、支えることが大切なのです。

子どもが成人して家庭を持ったとき、手本とするのは、自分の生まれ育った家庭です。親と子が強い絆で結ばれていれば、子どもは家庭を持ってからはなおさらのこと、祝祭日の家族の集まりに喜んでやってくるでしょう。人と人とのつながりに喜びを感じる人になるはずです。

97　かわいがってくれる人は親だけではない

家族の形態は変わりつつあります。母親と父親の両方そろっている家庭が当たり前というのは、もはや過去の話です。親は一人だけの子、おばあさんや親戚の人に育てられている子、あるいは母親や父親が二人いる子など、家族の形態はさまざまです。

しかし、たとえ誰に育てられようとも、子どもにとって一番大切なことは、かけがえのない存在として愛されることなのです。

子どもを愛してくれる人は、親だけではなく、親戚縁者にもいます。親は全能ではありません。かわいがってくれる親戚縁者がいれば、子どもの世界は広がり、何かとプラスになるでしょう。

おじいちゃん、おばあちゃんとの交流は子どもには貴重な体験です。お年寄りでなければ教えられないことはたくさんあります。

おじいちゃんやおばあちゃんのほうも、時間が自由になるいまなら、自分の子にはしてあげられなかったことも、孫にはしてあげることができます。若いころは仕事中心だった人も、老後は家族を第一に考えるようになるものですから。

98 親戚や近所の人との結びつき

かわいがってくれる親戚の人々も、子どもの強い味方です。デールおばさんは、十二歳の姪のミーガンを学校に迎えに行って、驚かせることがあります。アイスクリームやココアをごちそうしてくれたりもします。友だちと一緒に近くのプールに連れていってくれることもあります。わざわざミュージカルを見に遠くの街まで連れていってくれたこともありました。

思春期のミーガンは、友だちとのことで悩むときがあります。そんなとき、親にはあまり言いたくないことでも、デールおばさんになら相談できます。おばさんはいつも親身になって話を聞いてくれます。

デールおばさんは、ミーガンにとって大切な「家族」の一人なのです。こんな姪思いのおばさんがいてくれることは、ミーガンの両親にとっても、心強いことに違いありません。

親戚やご近所の方など家族以外の結びつきがあると、子どもの世界は広がります。子どもは、よい刺激を受け、楽しいことも増えます。かわいがってくれる大人の存在が多ければ多いほど、学ぶことや見習うことが多く、子どもの世界は豊かになるのです。

99 年中行事の大切さ

お祝いや年中行事の親族の集まりは、子どもにとってとても大切です。大人たちは久しぶりに会った子どもの姿に、なんて大きくなったんだろう、なんてお利口になったんだろうと、口々に驚きの声をあげます。そんなとき、子どもは恥ずかしそうにしていたりしますが、自分が一族に愛され、大切に思われているということを感じとるのです。

子どもは、大きくなってからも、一族の集まりに参加することで、親族の絆を感じます。親族との絆は、将来独り立ちするときの心の支えになります。一族の集まりは大切な儀式であり、自分たちの出自を知り、先祖からのつながりを祝い、思い出話を語るときなのです。

子どもは親の子ども時代の話を聞くのが好きです。思い出話をとおして、過去、現在、未来という時の流れを理解し、自分の親もかつては子どもだったように、自分もいずれは大人になり親になるのだと自覚するのです。

親族の祝いの席で、子どもは、親の意外な一面を垣間見ることがあります。子どもはびっくりし、わくわくします。たとえば、昔の曲に合わせて素足で踊る親の姿を見て驚きます。そんな羽目を外した親の姿も、お祝いの席では許され、楽しいのです。

100 未来へ向かって

わたしたちが大人になってから思い出す家庭の姿は、何気ない日常の光景です。将来、子どもの恋愛や結婚や家庭生活に影響するのは、そんな日々の暮らしの体験なのです。親の価値観は、暮らしのなかで子どもに伝わります。慈《いつく》しんで子どもを育てれば、その愛の行為は、世代から世代へと確実に受け継がれていくことでしょう。

子どもを励まし、誉めること。子どもを受けとめ、認めること。やさしさと思いやりを身をもって示すこと——それが親の役目です。子どもはどの子であろうとも、皆、このような親を必要としているのです。

子どもは皆、すばらしい存在です。隣の子どもも、隣町の子どもも、遠くの国の子どもも。そのすばらしさを伸ばすのが、わたしたち大人の役目なのです。子どもたちは皆、わたしたちの未来を背負った、わたしたちみんなの子どもなのです。戦争や飢餓や差別を少しでも減らすことのできる未来——地球上のすべての人々が人類という家族になれる未来。そんな未来を子どもたちに授けることができるように、わたしたちは、できるだけのことをしたいと思います。

わたしたち大人が子どもを導けば、子どもは、この世の中はいいところだ、自分も精一杯生きていこうと思えるのです。

〈著者略歴〉

ドロシー・ロー・ノルト（Dorothy Law Nolte）

ドロシー・ロー・ノルト博士は40年以上にわたって家族関係についての授業や講演を行い、家庭教育や子育てコンサルタントを務めた。３人の子どもを持つ母親、２人の孫の祖母であり、ひ孫も６人。2005年11月、家族に見守られながら永眠。『子どもが育つ魔法の言葉』は22カ国語に翻訳され、多くの共感を呼び、ミリオンセラーとなった。詩「子は親の鏡」は37カ国語に翻訳された。

主な著作に、『子どもが育つ魔法の言葉』『10代の子どもが育つ魔法の言葉』『子どもが育つ魔法の言葉 for the Heart』『子どもが育つ魔法の言葉 for the Family』『子どもが育つ魔法の言葉 for Mother and Father』『子育ての魔法365日』『いちばん大切なこと。』（いずれもＰＨＰ研究所）がある。

レイチャル・ハリス（Rachel Harris）

精神科医。臨床ソーシャルワーカー。大学院で家族療法と子育て教育を学んだ。

〈訳者略歴〉

石井千春（いしい　ちはる）

翻訳家。早稲田大学大学院英文学専攻修了。

訳書に『あの動物たちが教えてくれたこと』『ジェフリー』（以上、ＰＨＰ研究所）、『ＨＵＧ《ハグ》しようよ！』（扶桑社）など。明治大学で英語を教えている。

[新装版]子どもが育つ魔法の言葉
世界中の親が共感した子育ての知恵100

2006年11月6日　第1版第1刷発行
2019年5月22日　第1版第21刷発行

著　者　ドロシー・ロー・ノルト
　　　　レイチャル・ハリス
訳　者　石井千春
発行者　後藤淳一
発行所　株式会社PHP研究所
東京本部　〒135-8137　江東区豊洲5-6-52
　第一制作部人文社会課　☎03-3520-9615(編集)
　普及部　☎03-3520-9630(販売)
京都本部　〒601-8411　京都市南区西九条北ノ内町11
PHP INTERFACE　https://www.php.co.jp/
制作協力
組　版　株式会社PHPエディターズ・グループ
印刷所
製本所　図書印刷株式会社

 ISBN4-569-65637-4

PHPの本

道をひらく

松下幸之助 著

著者の長年の体験と、人生に対する深い洞察をもとに切々と訴える珠玉の短編随想集。自らの運命を切りひらき、日々心あらたに生きぬかんとする人々に贈る名著。

定価 本体八七〇円（税別）